领 航

——责任与使命

主　编◎马延信

副主编◎张丽丽

编　委◎邢　赛　张　敏　王　辉　刘乃志　李全慧

中国海洋大学出版社

·青岛·

图书在版编目（CIP）数据

领航：责任与使命／马延信主编. —青岛：中国海洋大学出版社，2023.11

ISBN 978-7-5670-3656-7

Ⅰ. ①领… Ⅱ. ①马… Ⅲ. ①中小学 – 校长 – 学校管理 Ⅳ. ①G637.1

中国国家版本馆CIP数据核字（2023）第182464号

出版发行	中国海洋大学出版社
社　　址	青岛市香港东路 23 号　　**邮政编码**　266071
网　　址	http://pub.ouc.edu.cn
出 版 人	刘文菁
责任编辑	付绍瑜
电　　话	0532-85902533
电子信箱	184385208@qq.com
印　　制	青岛国彩印刷股份有限公司
版　　次	2023 年 11 月第 1 版
印　　次	2023 年 11 月第 1 次印刷
成品尺寸	170 mm × 230 mm
印　　张	12.5
字　　数	200 千
印　　数	1～700
定　　价	49.00 元
订购电话	0532-82032573（传真）

发现印装质量问题，请致电 0532-58700166，由印刷厂负责调换。

前　言

　　当前，教育已进入追求更加公平、更高质量、更加多样的内涵式发展阶段。全面推进我市教育高质量发展的进程，需要众多一线校长不断探索与实践，不断追求自身的专业发展，成长为教育家型校长。青岛市中小学教师培训中心（以下简称"培训中心"）作为青岛市教师的主要培训平台，一直致力于研究培训如何为校长和教师的专业化发展服务。

　　关于校长专业化，褚宏启教授认为主要包括以下几个方面：专业精神、专业意识、专业伦理、专业知识、专业能力等。张新平教授认为，校长专业化的内在标准，至少应由以下四个要件构成：（1）从业者具备相对稳定且成熟的知识基础；（2）从业者必须经过系统的专门训练才能获准从事这一职业；（3）从业者因共同信念和兴趣、面临共同的难题而形成了相对稳定的拥有相对自主权的管理共同体；（4）管理共同体在解决问题、完成任务的过程中，逐步形成大家认可和遵从的规则和道德伦理纲领。2013年教育部颁布的《义务教育学校校长专业标准》中明确建构了校长的六项专业职责，即"规划学校发展，营造育人文化，领导课程教学，引领教师成长，优化内部管理，调试外部环境"。这六项专业职责集中体现了对于教育家办学的倡导与要求，是广大一线校长的工作指南、发展纲要和培训准则。

　　培训中心多年来一直遵循上述专业化标准，逐渐构建了模块化课程体系，即在两个维度下设置了八个课程模块。在"理想信念"维度设置两个课程模块：信念与方向，道德与素养；在"专业职责"维度设置六个课程模块，与校长的六项职责一一对应。每个模块下设若干专题。模块比例和模块下专题在不同阶段所占比例均以调研情况为依据。同时，培训中心结合校长成长规律，逐渐构建起青岛市中小学校长培训体系。在校长培训培养的链条中，采用"集中培训+网络社区研修+返岗实践，线上线下相结合"的混合式研修模式。其中校长任职培训班以"履行岗位职责必备知识和技能"为主要内容；校长提高培训班以"掌握新动态、提高管理能力和素养"为主要内容；骨干校长培训班则以"观摩交流办学思想及特色"为主要内容。任职—提高—骨干链条上的每个节点都对应不同的内容与目标，分层助力各类校长的专业发展。另外，培训中心特别注重培训效果的落实，积极促进教育实践转化为教育成果，专门将学员的实践及反思成果汇编成《领航——责任与使命》，作为校长培训的辅助读物，其丰富的案例深受学员欢迎，在很大程度上挖掘和激发了学员本身所蕴含的巨大学习潜力，助推了培训课程的深度开发。

为进一步丰富培训案例资源库，扩大广大一线校长教育实践成果的影响力，培训中心在前期《领航——责任与使命》基础上优中选优，同时向优秀校长进一步征集优秀稿件，按照中小学校长的六项专业职责设置"高瞻""润物""课程""引领""内修"和"外和"等栏目。其中"高瞻"栏目侧重讲述优秀校长如何理解工作使命，规划学校发展战略，提炼与打造学校发展理念，建立学校发展愿景；"润物"栏目侧重讲述优秀校长如何凝聚学校文化建设力量，形成全方位育人氛围，以及他们在营造育人文化方面做出的探索与形成的可借鉴成果；"课程"栏目侧重讲述优秀校长如何推动国家、地方、学校三级课程的融合与实施，为学生提供丰富多彩的课程资源；"引领"栏目侧重讲述优秀校长在建立学习型组织，激发教师发展内在动力，促进教师队伍专业化发展等方面的优秀案例；"内修"栏目侧重讲述优秀校长如何进行民主管理和科学管理，在优化内部管理方面进行的实践与提炼；"外和"栏目侧重讲述优秀校长如何推动学校与家庭、社会（社区）的良性互动，进行家校共育的积极探索与实践。

这些来自青岛市一线校长的教育实践反思有的结合教育改革的重点、热点、难点问题及所在区域的发展要求，开拓学校的发展道路；有的站在可持续发展的高点上思索、定位学校管理的战略和策略，赋予学校管理新的内涵；有的体现以人为本的教育管理思想，探索如何做课程改革的领导者、教师队伍发展的引领者；有的侧重创新校园文化建设，建立大育人环境；有的扎根乡村，探求乡村教育振兴之路……总之，本书六个栏目分类展示了青岛市一线校长对学校进行的价值引领、教学引领及组织领导，既有理论思考，又有实践的躬行，对走在专业化发展道路上的广大校长们有极强的借鉴价值。我们诚挚地期待着通过此版《领航——责任与使命》与更多的校长们相遇、对话、一起成长！

马延信　张丽丽

2022年3月

目 录

外和

高瞻

  校长是一所学校校内的最高管理者，对学校的发展有着重大责任。一位优秀的校长要具有非凡的气度、卓越的管理能力、突出的才华学养、超强的磁性与气场，要能以有高度的思想引领学校发展，能够在教育实践中确立自己的教育理想、创建自己的理论体系、完成自己的教育研究、收获自己的教育成果。卢宝山、于青、王辉、韩吉山、赵咏梅、范磊、吴秀伟几位优秀校长将教育看作自己的终身事业，厚植教育情怀，规划学校发展战略，提炼与打造学校发展理念，用理想编织教育的天空，用教育实践成就灿烂人生。

"创设适合每个孩子的教育"办学思想的实践与探索

青岛大学市北附属中学　卢宝山

每个孩子都是独立的个体，都有着不同的禀赋，都有着发展差异。我们必须立足不同的起点，树立人才多样化、人人能成才的观念，遵循教育规律和人才成长规律，让孩子按自己的"成长需要"选择，把学校变成孩子们向往的乐园，让他们健康、快乐、幸福地成长。

教育学专家黄全愈说："给猴子一棵树，给老虎一座山，给骏马一片草原，给鱼儿一条河流。"只有搭建全方位、多层次、宽领域的创新人才培养平台，面向全体学生，才能促进每个学生全面、健康、可持续发展。

一、教育思考始于二实验

2010年，我受市北区教育局党委的安排去创建青岛第二实验初级中学（以下简称二实验），担任二实验副校长。青岛二中王祖荣校长的到来，促使我深入思考践行青岛二中"造就终身发展之生命主体"的个性化办学理念。我在二实验五年，和同仁一起送走三届学生，坚持践行"创设适合每个孩子的教育，让每个学生健康快乐幸福地成长"的办学理念，成绩逐年提高。

（一）民主开放的学生组织，为学生提供了锻造自我的平台

适合的教育才是最好的教育。为让孩子们自我教育、自主管理、自主发展，学校创新了学生组织机构，构建起学生会、自主发展委员会、自主管理委员会、民主参事会和生态环保委员会五个平行组织。每个组织设主席一人、副主席两人，各组织下分设16个部门，分别开展工作。这就为有不同爱好和不同才能的学生参与不同的组织提供了选择的空间。所有学生干部，均由班级推荐、个人自荐、公开竞选的形式产生。通过这一平台，学生成为校园真正的主

人，在参与中锻造自我，增长才干。

（二）精彩纷呈的社团，为学生提供了彰显个性的舞台

社团是最能体现孩子个性发展的组织。学校充分挖掘各种资源，让学生自主申报，创建自己喜欢的社团，做到"人人有社团，一周上一节社团课"。孩子们自主创设了40多个社团，每个社团都有负责人和相应的组织机构，活动也办得秩序井然，有声有色。人人都能找到表现自己的舞台，这既丰富了校园生活，也丰富了孩子们的精神世界。

（三）丰富多元的课程，为学生提供了个性化选择的空间

不同的课程满足学生不同才能发展的需要，我们创造性地对国家课程和地方课程进行了校本化的二次开发，以更加贴近学校和学生的实际。为使课程更能满足学生个性发展的需求，学校统一规划，凝聚老师的智慧，开设了六大系列40门各具特色的学校课程，涵盖了人文、艺术、双语、科技、活动、实践等多个领域，有机促进了人文与自然、理论与实践、动脑与动手的结合，孩子们完全自主选择，并可跨年级进行选修，基本满足了每位学生不同的发展需求。

（四）丰富多彩的活动，为学生的爱好提供了选择的空间

我们举行了文化节、艺术节、体育节、科技节、赏春节等多种活动，让不同才能的学生广泛参与。多彩的活动点亮了学生的业余生活，丰富了学生的精神内涵，促进了学生全方面素质的提高，彰显了校园文化特色。

（五）采用多元评价体系，用多把尺子衡量学生，让每个学生都能体验到成功的快乐

1.七彩阳光评价制度从多个维度对学生进行过程性跟踪和评价

评价内容涵盖品格、智慧、艺术、体育、健康、创新实践、领导力七个领域，分别以赤、橙、黄、绿、青、蓝、紫七种颜色来呈现。七种颜色分别代表七种品质与能力。学生获得的颜色越多，意味着其能力越全面，能获得四种以上颜色的可获最高奖——"全面发展奖"。

这种通过多把尺子，多元评价、即时发现、即时奖励的评价办法，最大限度地激发了每一个学生的潜能，激发了他们展示自我、主动发展的愿望和动力，让更多的学生体验到成功的快乐。

2.评选校园风云人物，弘扬正气，引领同学们前进

校园风云人物包括班级之星、校园月度人物、校园年度人物。

评价的范围由班级到学校，对学生从每天评价到每周评选班级之星、每月评选校园月度人物、每年评选校园年度人物，评价具有操作的系统性，具有时间的流动性，具有挑战的升级性。

二、教育思考深入于青岛市北国开实验学校

2015年7月，受市北区教育局党委的安排，我到青岛中央商务区建设一所民办公助的学校——青岛市北国开实验学校（以下简称国开）。

在国开的三年是我教育思考深入的时期，也是践行"创设适合每个孩子的教育，让每个孩子都站在舞台正中央"的办学理念的时期。

（一）每周二下午第四节开设"国开大讲堂"

邀请教师、家长、驻青高等院校人士、研究所人士、广播传媒人士、社会专家等走进"国开大讲堂"，开阔学生视野，让学生了解各种知识。

（二）培养具有"未来意识、领袖气质、家国情怀、全球视野"的国开学子

我们从"人文固本、科技求真、艺术修身、中西融神"的方向来架构学校课程，学校陆续成立六大学院——国开国学院、国开文学院、国开科学院、国开艺术学院、国开传媒学院、国开体育学院，聘请这六大领域在青岛乃至全国有知名度和影响力的专家担任院长，聘任相应的名师担任学院授课教师，培养学生具备"思维与表达""艺术与审美""智慧与修养"内生的能力和品格。

（三）让学生站在舞台的正中央，让学生做自信的表达者

各个科目都要推行课前两分钟的"国开微微讲堂"活动：语文"素朴演讲"、数学"得意一题"、英语"故事分享"、音乐"课前一歌"、历史"回眸一看"、地理"风景掠影"、生物"生命在线"、思品"新闻播报"、体育"体坛快讯"等。学生利用课前的两分钟，依次轮流到台前展示，力求做到完全脱稿。这一活动旨在培养学生的思维与表达能力，拓展学生的视野，开阔学生的思维，培养学生洞察世界的能力。

（四）推进个性化辅导，为不同学生提供适合的帮助，让学生的思维在课堂外延伸

深入推行并落实导师制。每位教师都要确定自己的辅导对象，定期辅导。学业指导处将对学生学业进展情况进行跟踪评价，评价结果作为优秀导师评比的重要依据。

开设"智慧学习俱乐部"，满足学生的不同学习需求。一是学科组教师可开设有针对性的专题讲座，学生根据自己的学习需求自主选择参加；二是以学科组为单位举行学科特色活动，吸引学生参与学科活动；三是成立"学习联盟"，鼓励学生对问题进行深入探究式学习，提高学习兴趣。

落实个性化作业设计。针对不同学习层次的学生，提供适合的、可选择的作业，以满足学生的不同需求。可在学生中进行"最智慧的作业""最适合我的作业"评选活动，对于学生点击率高的学科组及教师个人将进行表彰奖励。

三、教育思考成熟于山东省青岛第四中学

2018年，我受青岛市市北区教育和体育局党组的安排，到青岛第四中学工作，坚持践行"创设适合每个孩子的教育，让每个学生都精彩"的办学理念和"管理是服务、沟通、激励、润泽"的管理理念。

（一）实施行走式管理，记录式工作，即时问题即时解决

从学生进校到离校，从早读到放学，学校的干部、教师管理团队会走进师生之间，解决他们遇到的每个问题，在工作群中赞扬每位正能量的师生，每天的成长日志会记录师生每件闪光的工作和每天的成长。

一个人取得成功的原因，不仅在于技术，更在于精神心态。有了理想、目标、责任感，就有了优秀的心态，就能产生巨大的创造力和动力。

（二）实行网状式管理，打造团队力量

干部实行纵横交错的网状式管理，以纵向三个年级专项工作管理为主，同时，以横向年级管理为辅。

打造五支队伍：分工明确、密切合作、率先垂范、主动作为的干部队伍；有爱心、能奉献、敬业爱人的班主任团队；肯钻研、善实践、好学上进的教研集备长团队；自我教育、自主管理、自主学习的学生干部团队；家校合作、合

领航 责任 与 使命

力育人的家长团队。

要让一个组织达到理想的状态，就需要让组织里的每一个人、每一个小团队都有力量，一起去实现变革。

（三）抓住立德树人的核心，培养精彩学子

1. 养成教育，让学生培养好习惯

打造"六个一"：培养一个好习惯、锻炼一个好身体、练就一副好口才、练成一手好字、拥有一个好脑袋、培养一种好心态。

养成习惯狠抓"六个细节""四个文明""四种声音""三种动作"，打造学生良好的精神面貌。

2. 激励教育，让学生充满向上的力量，让校园充满正能量

教育的艺术不仅在于传授本领，更在于激励、唤醒和鼓舞。教育让每个学生拥有梦想。梦想是引领学生前进的原动力。好的教育，就应该让学生的学习与梦想和未来发生关联。

每个年级的开学典礼上，我们都要让学生填写梦想卡和进行梦想的演讲，让学生知道自己是谁、自己要到哪里去，让心理老师为孩子进行生涯规划，让孩子寻找最好的自己。

开办星空讲坛。每周邀请专家、家长、老师或者学生举办讲座，引导学生仰望星空，拓宽视野。

成立"青岛四中学生梦想导师团"和"青岛四中学生发展顾问团"，已经聘请青岛二中、青岛五十八中等十所优质高中学校的领导担任学生梦想导师，聘请在人文、科技、艺术等领域有影响力的专家担任学生发展顾问。

3. 自主教育，让学生自我教育、自主管理、自主发展、自主成长

最好的教育是自我教育。最好的管理是自我管理。建立民主开放的学生组织，为学生提供锻造自我的平台。精彩纷呈的社团，为学生提供彰显个性的舞台。

（四）教学紧紧抓住课堂核心，打造高效课堂，让每个学生成为主动学习者，教师成为设计者、启发者、推动者

教育的真谛在于将知识转化为智慧，使文明积淀成人格。课堂教学是一种通过知识引导人的智慧成长的艺术。

006

1. 打造"问题探究、互助合作"教学模式，培养学生创新思维

以问题为导向。

以已有知识、经验为基础。

自主建构新知识。

以学定教，先学后教。

实施自学、互学、展学、导学、固学五步导学法。

让学生成为主动学习者。

让老师成为设计者、启发者、推动者、教育的自觉者。

课堂呈现民主、快乐、互助、高效的新样态。

2. 实施"先听后上，即时快评"课

打造去中心化，人人都是中心，人人都是引领者。中考学科教师每天安排第一节课作为学科展示课，同集备组教师必听，同班级的教师、其他教师和干部都可以参与听课研讨。课后在教室或者走廊马上进行快捷点评。

如果时间不够，评课人、听课教师会将"三优点、两建议"填入表格交给授课教师，让授课教师进行总结反思。这样，课堂是大家的，大家一起研究课堂，一起在课堂上实践，打造了共生共长、共赢共享的教师学习共同体。

苏霍姆林斯基说："不研究事实就没有预见……就不会对教师工作发生兴趣。不去研究、积累和分析事实，就会产生一种严重的缺点——缺乏热情和因循守旧。"

3. 创新教研集备模式

研而不教则空，教而不研则浅。把教和研融合为一体，教必有研，研必有教。我们要树立"教师即研究者""课堂即研究室"的观念，引导每一位教师走到教学研究这条幸福的道路上来。

进行五备教研：自备（个备）、互备（集备）、展备（汇报）、导备（改课）、固备（磨课）。

4. 开展青岛四中教师访问学者"研学行"活动

活动主要围绕六个"一"进行，即一月、一校、一师、一课、一评、一会。具体而言，就是每个月参观一所学校，听一位名师讲一堂课，课后进行一次评课交流，回到学校后在全校教工大会进行一次学习汇报。

总而言之，教育的终极目的是为学生一生的幸福和发展奠基。最好的教育是为学生提供最好服务的教育，也就是为学生提供可供选择的教育，满足学生不同的发展需求，让每个学生找到生命成长的基点，让学生在生命绽放的过程中找到自尊与自信。

寻找学生现实利益与长远利益的平衡点的途径研究

山东省青岛第二中学分校　于　青

当今时代，学生素质教育、核心素养教育等越来越受人们的关注，可是又离不开高考的制约。如何更好地处理教育与成绩之间的关系，找到实现二者双赢的途径，是我们必须面对的一个课题。

学生的现实利益是提高学业成绩，以此升入理想的中学、大学。而从长远来看，对学生来说影响更深远的却是在求学阶段所形成的综合素质，包括学习能力、人文素养、情感价值观、创新能力等，这些素质影响着他们走上社会之后的工作、生活，影响到家庭、社会，甚至可以说影响到中华民族伟大复兴中国梦的实现。

我们可以看出，目前，大部分家长、学生、学校更多地关注学生的学业成绩，也就是其现实利益的实现问题，认为这是长远利益实现的起点，没有这个起点谈何长远发展和立足社会。我们不能一味否定这一观点，但是作为教育者，我们在帮助学生实现现实利益的同时，还应该探索如何为他们的长远利益提供平台、创造机会。

孙先亮校长常说，教育、教学、学习必须始终立足于价值和意义的追问中。做教育让学生升学天经地义，可是教育到底为了什么？当升学的极端追求充斥着校园时，学校如何还有存在的意义？当一场场考试和排名占据着师生所有时间时，教学还能够真正撑起学生的未来吗？因此，应该用教育的崇高不断铸造着学生高贵的灵魂。

山东省青岛第二中学分校以"造就终身发展之生命主体"为育人目标，一直在探索学生综合素养培养方式，不断改革教育教学模式，实行学生优势发展学院制管理模式，推行互联网下课堂教学改革，很好地为学生个性发展、主动发展、终身发展搭建舞台。

学校于2013年提出"办学生发展需要的学校"的办学理念，实行了学生优势发展学院制管理模式。学校根据学生优势智能及发展需求设置六个学院，分别为科技学院、艺术学院、人文学院、理学院、工程学院和经济学院，2014年又增设了外语学院。各学院在完成国家课程的学习之外，依据学院特色，通过开发开设近80门校本课程、创建40个学生社团、组织策划学生各类特色活动等途径为学生个性发展搭建平台；和驻青高校建立合作，由专家引导对相关学科有独特兴趣和潜质的学生开展深入学习和研究，将因材施教落到实处；在驻青高校、科研院所、高新企业中建立30多个学生社会实践活动基地，定期开展参观学习活动，开阔学生视野；聘请专家到校，通过授课、讲座、报告等形式，对学生进行高端引领。

学院制模式实施3年来，在提升学校整体水平、促进学生全面发展方面发挥了积极作用。学生在青岛市头脑奥林匹克大赛、全国头脑奥林匹克大赛、青岛市艺术节等活动中都获得不俗的成绩。微电影还走出国门，在中欧文化节获得大奖。学生社团史苑剧社、汉韵文化社被评为"青岛市十佳社团"，"绿色方舟"被评为青岛市优秀社团；教师自我开发开设的校本课程多次获得国家、省、市一等奖。这些活动开阔了学生眼界，展示了他们的特长与优势，增强了他们的自信与学习的主动性。实践证明，学生优势发展学院制管理有利于充分尊重和发展学生兴趣特长及优势智能，推进学生个性发展与终身发展，有利于强化学生主体责任和意识，推动学生开展自我发展规划，提升学生自主发展能力。

我校关于学院制管理的特色做法先后在中国教育学会年会、全市德育工作论坛等会议上交流。学院制管理被《中国教育报》《半岛都市报》《青岛晚报》《齐鲁晚报》等新闻媒体作为热点进行宣传报道，在省内外引起较大反响。2014年9月，学院制管理模式荣获青岛市教育改革创新奖，2015年获得山东省教育改革成果一等奖。

当今，互联网飞速发展。互联网作为一种技术手段，融入人们生活的方方面面，深刻地影响着社会生活各个方面的变革。很多人提出"互联网+"的说法，探索互联网对各行业发展的推进作用。

在此背景下，2016年春季，我校提出"互联网＋教育"的课堂教学改革尝试。"互联网＋"的跨界融合、超越时空的特性，带给教育的极有可能是颠覆性的变化。这是教育的巨大机遇，也必将让教师的"教"与学生的"学"，特别是教育资源与教育方式发生极大的改变。

跨界学习让成长的繁花如约绽放

——以项目式学习的方式探索德育隐性课程资源的开发与利用

山东省青岛第四十四中学　王　辉

《青岛市促进中小学生全面发展"十个一"项目行动计划》要求我们建立和完善以学生综合素质提升为统领的德育体系，坚持内涵发展与特色发展相结合，坚持校本特色，选择适当的活动方式去满足学生的差异化个性化需求，努力创设良好的成长氛围，促进学生健康成长、全面发展。这促使我们进一步梳理已有的德育课程体系，尝试崭新的育德方式。项目式学习作为一种学习方式，超越传授，强调探究，以培养学生综合素质为导向，面向学生个体生活和社会情境，重视学生主动实践，强调真实体验。从这个意义上讲，项目式学习也是一种创新的育德方式，承担着促进育德发挥实效的任务。为了增进课程与生活、自然、社会的联系，学校努力突破德育课程框架，积极探讨隐性课程资源（地域文化资源、校内教师资源等）的有效开发和利用，努力为学生的跨界学习搭建平台，以项目式学习的方式进行了一系列有益的尝试。

一、以项目式学习的方式开展"行走中的市北博物馆"课程，打通成长经络

社会是重要的学校和课堂，生活是重要的课程和教材。自2017年以来，学校结合区本文化进行了行走课程的主题化研究，组织了"行走中的市北博物馆"活动，走进市北区的各类博物馆，穿越时空，触摸城市，感知历史，引领学生进行丰富的探究式、体验式学习，并进行多元评价。在实施此项活动的过程中，学校采取了"教师先行参观场馆—制定项目式学习任务单—绘制行走地

图—学生确立课题进入场馆参观考察—课堂提升—成果转化"的"课外延展、课堂提升"的项目式学习六步式学习路径。

首先组织3S闪电团青年教师带着自己的研究课题，利用周末时间走进各类博物馆，实地考察该馆开放时间、所蕴含的教育因素，评估资源价值，筛选并确定适合学生参观的场馆，精心设计活动细节和项目式学习任务单、指导教案，保证每位学生走进场馆时"有问题，有团队，有任务"；再由美术老师手绘行走地图确立课程路线；然后利用微学程时段，让学生走进各大博物馆，感受和领略市北区的文化底蕴，体会文化核心区的品质精髓。到目前为止，学生已"打卡"诸多场馆，如中共青岛党史纪念馆、啤酒博物馆、档案馆、海云庵民俗博物馆、崇汉轩汉画像砖博物馆、纺织博物馆、葡萄酒博物馆、道路交通博物馆。

外出参观结束后，课题组教师利用各班的整理课程以及笃行力课程时段，以ORID思维工具、团队引导力工作坊等方式带领学生回顾参观这些场馆的收获、感悟与体会，从场馆展品本身到身边同学的行为礼仪等教育因素会都涉及。教师指导学生完成项目式学习任务单、研究性学习小论文、研究性学习报告的撰写，从而达到课外延展、课堂提升的目的，让学生通过教师引导，将体验上升为感悟，内化为能力和素养。

我们还进一步探究活动的意义与价值。以崇汉轩汉画像砖博物馆的参观为例，参观活动结束后，我们又在随后的微学程中专门开设了活字印刷课程，由历史组老师带领初一年级学生再次经历了展品回顾与动手制作相结合的过程，让学习真实发生并深度延展，实现了学习成果的转化。通过亲近自然、走进专业场所，了解社会大课堂，学生在多彩的实践活动中开阔了视野，得到了成长，教师在丰富的活动中挖掘了学生的潜力，激发了学生个人的内在价值和潜能。

二、以项目式学习方式开展"海洋"特色主题行走活动，明确成长路径

依托学校作为"全国海洋意识教育校"和"海洋教育联盟校"这一海洋特色，也结合青岛作为海洋城市这一地域特色，我们立足"海洋"这一特色，努力完善海洋教育课程体系建设，积极探讨"海洋+"课程的顶层设计，在海洋知识普及、专家主题课堂、小课题研究的基础上推进实践型和综合型课程的开

发与实施，如海洋科考、海洋创客工程、VR海洋教育、海洋实验STEM课程等的创新性发展。目前，我们已经有两届海洋特色班。自2015年到2018年，学校带领初一学生开展了海洋特色行走课程活动，相继登上海洋科考船，走进了青岛港、青岛贝壳博物馆、青岛海藻博物馆，还走进青岛三十九中新校，参观了海洋生物实验室，进行了海洋生物DNA序列测定、海洋生物标本馆参观，体验了虚拟天文馆。孩子们还在郑守仪院士设在三十九中的一个有孔虫观察实验室进行了有孔虫实验观察。通过观察，孩子们了解了有孔虫模型的故事，围绕着有孔虫及海洋知识产权进行了一系列项目式学习。通过系统化地设计主题活动，结合项目式学习的路径，我们为孩子们埋下了一颗颗梦想的种子。

三、将项目式学习与节日课程活动有机融合，培养核心素养

学校努力完善以"亦生亦师，知行统一"为核心内容的育人体系建设，丰富课程内涵，开设了节日课程，以活动为载体培养乐学笃行的优秀学子，取得了较好成效，开创了全员育人新局面。我校还是山东省人工智能教育试点校、全省STEM教育项目校、全国生态文明试点校。结合这些已有的资源，我们设置了各类节日课程。比如数媒创客、创意3D、智能跑车、3D普通打印、3D珠宝打印都成为科技节抢手的项目。"水中花园""放飞的乒乓球""九层密度塔""力大无穷的杯子""海菜凉粉""神奇的维C""会漂浮的乒乓球""弹力蛋""变大的气球""泡沫喷泉""电的旅途"等都是老师和学生进行的项目式学习创新实验。

为了使活动形式更丰富，学习方式更多元，文化节采取了"确定主题—自主研讨—多元展示—多维评价"的项目式学习路径。例如，第二届文化节主题为"互联世界，绽放精彩"，就是由脑洞大开的孩子们开展的。前期，校学生会组织每个班级以抽签的方式确定自己的研究主题，对中国或其他国家古代到近现代不同历史时期的文化特点进行研究，通过主题班会充分讨论每个时期最具有代表性的文化元素，确定展示方式。文化节这一天，以校运会入场式为载体，学生用服装、舞蹈等文化元素展示他们对不同国家多元文化的理解和想象。学生身着各个朝代、各个国家的民族服装进行文化展示。校园里一片欢声笑语，学生尽情过了一把"穿越"瘾。随后，项目式学习的种子团队教师作为

评委，根据学生展示的合理性和参展认真程度给出评比分数。最后，各班再次召开主题班会，结合本班的展示效果讨论优点与不足，寻找更美的自己。

第三届文化节的主题为"竞技人生，规划未来"。每个班级以抽签的方式确定自己的展示主题，以动作、服装、语言、舞蹈等不同的元素展示他们对会计师、程序员、航天员、救生员等职业的理解和想象。学生通过无限的创意，淋漓尽致地演绎了各种职业的辛劳与荣光，在笑声中理解了不同职业的职责，体验了不同的职业文化。

第四届文化节的主题为"传承中华文明，弘扬时代精神"。各班选取中国不同历史时期的文明为主题，如分封天下、百家争鸣、张骞出使西域、开元盛世、唐诗宋词、四大发明、郑和下西洋、虎门销烟。改革开放、港澳回归、神舟飞天、新四大发明等表现改革开放成就的事件，也在文化节中得到展示。

以项目式学习的方式开展节日课程，以自我体验的方式打通学生感性认知的与真实生活之间的隔膜，能促使学生在玩中学，在活动中成长，从而激发个体的学习潜能。

四、将项目式学习与戏剧教育有机融合，培养开放人格

戏剧是一种能放松身心、寓教于乐的活动，有利于学生打开自己，战胜拘谨。学校将戏剧课程和外语沙龙相结合，首先利用学校课程请来了香港著名导演叶逊谦指导孩子们排演话剧，梁晓声倾情题词"梧桐下剧社"。为了提高教师指导戏剧表演的水平，我们派出由不同学科教师组成的戏剧指导小分队，每月向叶老师学习，并为每一届新生设立各班戏剧指导教师。全班每个孩子从入学起就选定一个题材和方向进行研究，沿着"确定主题—自主研讨—多元展示—多维评价"的项目式学习路径，多次对戏剧冲突进行分析、表演、改进。此外，学校还设立了每年一度的戏剧节。在期末考试结束后，组织初一学生进行戏剧表演，每个班级都要进行海选，最后各班筛选至少一幕戏剧到剧院表演，请社区代表和家长代表观摩指导。2016年，叶逊谦老师指导的《雾都孤儿》在会演中颇受好评；孩子们针对莎士比亚戏剧所写的研究性学习论文也被评为一等奖，主演之一王贝琳成功地通过自主招生升入青岛二中；我校获得"青岛市戏剧艺术朗诵团"称号。2017年，我们到三十九中举行了"梧桐下成

长——首届戏剧节";在区、市级戏剧展演中,学校的舞台剧《家有儿女》获得了区级一等奖和市级一等奖。2018年,我们对戏剧节进行了再次设计,到17中组织了"放飞戏剧梦想享受生命精彩"第二届戏剧节,所选送的戏剧《能量钥匙之戏剧那些事》代表市北区参加了全市比赛并再次取得了全市二等奖。

朱永新曾说:"最好的教育是让人成为他自己。"所以,教育是否关注了孩子们的精神成长,是否让孩子们养成了良好的习惯、内化了优秀的品格,是衡量成功与否的标志。基于此,学校以培养学生核心素养的育人体系建设为基准,加强对德育课程资源的挖掘和整合,努力创新"育德"方式,着眼于学生的品格发育与生命精彩,用心养护孩子的精神长相,全面提升学生素养,并以不断革新、多元发展的教育姿态践行着"办一所幸福愉悦的生态学校"的办学目标。

铸造阳光教育　承载责任梦想

莱西市姜山镇泰光小学　韩吉山

学校发展，文化先行。只有创造一个教育人的环境，教育才能收到预期的效果。如何规划一所农村学校的文化愿景，发挥学校文化的导向和激励作用，成为我面对的首要问题。

多年来，我以"质量提升与特色创建并重、科学管理与文化引领并重、内涵发展与学校形象并重"为发展策略，主动作为，大胆创新，丰富办学内涵，提高办学品质，落实学校"阳光教育"核心理念，以聚焦主题塑造品牌为核心，积极实现学校高质量发展。

一、聚焦责任教育，塑造"阳光教育"品牌

我秉承"阳光教育"的办学理念，确立"以'阳光教育'为载体，创建一所洒满阳光的学校"的办学目标，构建让学生"学会学习，学会合作，学会生存，学会做人"的办学思路，打造"践行阳光教育，培养阳光学生"的校风，"健康、自信、合作、文明"的学风，"大爱、大德、大智、大气"的教风，遵守"追逐阳光，快乐成长"的校训。

（一）打造家校携手构建阳光校园的办学特色

做到"一开、两访、三会"。"一开"是学校每学期一次的家长开放日，把家长请进来，让家长了解学校每天、每周、每月、每学期、每学年的教学流程，常态化地看自己孩子的表现。"两访"是将每年的寒暑假和学期初定为家访关键期，制订《百名教师访千家实施方案》，老师带着家长关注的热点、焦点、难点家访，建档立卡、送教上门，初访后梳理问题重复访。学校将家访内容归纳成师德师风、课程设置、课业负担、教辅资料四大方面18小项，并与漠

视群众利益整治活动结合起来，逐一落实到每个家庭，做到全覆盖。家访要求带着真情去，让家长感受到教育的温度；带着问题去，让家长感受到教育的态度；带着理念去，让家长感受到育人的厚度。每学期组织家长评价老师是家校共建的计量器。"三会"是每学期不少于三次家长会及班级小型家长圆桌会，重点解决家长怎样配合学校形成合力让孩子健康阳光成长的问题；同时不定时地与家委会成员互动，逐一解决家委会提出的问题，引领家长为学校营造良好的教育氛围。

（二）倡导优质家庭教育，伴随学生快乐成长

一是提出"陪伴"做法，要求家长坚持五年，每天晚上放下手机、电视，手捧一本书陪伴孩子不少于一小时，家庭教育方式和方法都有明显改观。二是家长对孩子的关注度明显提高，通过家长学校的培训，更多家长不仅关注到了孩子的习惯养成，更注重孩子全方面的发展，特别是学校有针对性地提出的心理健康、体质提升等问题。这是观念上的进步，也是家长素质的进步。三是家长与学校的配合率与日俱增，大部分家长能主动与老师联系，并配合老师完成教育工作，形成合力。走进教学楼，家长的书画、手工制作随处可见，成了校园文化的重要组成部分。量大、事细、用心的家校工作，让家长感觉到了教育的温度，群众满意度逐年提升，逐步达到办群众满意的学校这一目标。

二、聚焦责任教育，塑造"优质教育"品牌

（一）扎实开展集体备课活动："教而不研则浅，研而不教则空"

1. 三级集备联动，完善备课网络

形成了校级总集备、教研组大集备、备课组小集备三级集体备课活动。总集备每两周一次，由学校领导干部和教研组长参加，对学校集体备课活动做好上层规划和要求；大集备和小集备是以教研组和备课组为单位开展的，每周一次。

2. 加强领导，强化责任

实施"集体备课一把手工程"。校长抓校级总集备。领导班子成员每人包干一个教研组，负责大集备。各教研组长主抓小集备，形成了上下畅通的集体备课系统。

3.按照程序、保证实效

按照"四定、五统一"的要求，进一步细化标准和内容，提高了集体备课的有效性。以集体备课为抓手，组建高效的备课组团队，集体攻关，统一行动，以学科命题方向为指针，把握学科命题的方向、考查的重难点等，筛选有用信息，以此来指导教师平时的教学工作。

4.进行捆绑式评价

为切实保证集备效果，采取捆绑式评价方式，即备课情况抽查一人，成绩代表全组教师。如果全组平均教学成绩全镇第一，每人在绩效考核中加5分。

5.开展"以师带徒"青蓝工程

为了充分发挥骨干教师的"传、帮、带"作用，更好地促进年轻教师的成长，学校实施了"以师带徒"青蓝工程，做到"三带"：带师魂——敬业爱岗，无私奉献；带师能——掌握教育教学基础知识与技能；带师德——育德之道，为人师表。师徒签订协议书，明确各自的职责和义务，每学期师父听徒弟课不少于10节，徒弟听师父课不少于20节，带动青年教师的快速成长。

（二）注重过关考试，做好考试分析

在日常教学中，要求基础知识堂堂清、知识整理日日清、学科知识周过关、月测试等四项工作。同时，强化考试后的质量分析，分别召开校级分析会、级部分析会和班级分析会，对优秀教师提出表扬，明确弱势学科并制定具体目标，并要求分析到每个学生，找出问题，制定可行的改进措施。各级部对成绩优异和进步的同学进行表彰奖励，各班级召开主题班会，进一步增强学生学习干劲。

（三）狠抓作业布置与批改

要求每个备课组布置的家庭作业统一，错题本全校统一采用三色笔整理。具体做法是采取定期检查与不定期检查、普查和抽查相结合的方式，周二、周五重点检查家庭作业批改情况，月考重点检查导学错题本整理情况，对没有落实工作或工作不到位的教师进行督查。通过检查促落实，增强教学常规管理的实效性，全面提高教育教学质量。

三、聚焦个性发展，塑造"优质课堂"品牌

（一）模式引领

一名教师要想提升自己的课堂教学魅力，让自己的课吸引学生，就要具备扎实、深厚的专业功底。教师首先要做的就是提高课堂教学水平。学校以"关注课堂""开展有效教学"为工作主线，借鉴外校成功的课堂教学经验，在全校大力推行少讲多练、精讲精练的"五环节"高效课堂教学模式。这一教学模式为：复习检查、确定目标；学案导学、自主检查；合作探究、释疑解难；精讲点拨、归纳升华；课堂总结、目标检测。课堂教学规范有序，教师驾驭课堂能力显著增强。

（二）学案载体

各学科以导学案为载体，注重导学案的编写和使用，并将所有导学案汇编成册，方便使用，形成涵盖所有年级与学科的教学资源库。

（三）开展"五课"活动

为了更好地学习、展示教师的教学智慧，进一步推进课堂教学改革，学校开展了"五课"活动，分别是骨干教师示范课、青年教师达标课、领导干部推门课、教研组长跟踪课、值日领导巡视课。教师之间互相学习、互相讨论，把合作、交流、展示等新教法运用了自己的课堂教学之中，促进了教学质量的提升。

（四）提升学生学科素养

在打造特色课程的基础上开发校本课程。学校将习惯养成、特长培养、阳光社团、德育活动、艺体活动、研学活动课程化，共编写书法、篆刻、美术、吉他、足球、国家跳棋、主持人、舞蹈等校本课程教材13种，将诵读诗词、太极拳、拉丁操、跆拳道、武术操打造成年级特色项目，5年中每个孩子都能至少掌握5项技能。

四、聚焦学生差异，构建"因材施教"品牌

（一）重视尖子生的培养，把尖子生的培养作为学校的重要工作来做

分类承包，实施导师制。任课教师承包有"缺腿"学科的优生，一抓到底；备课组承包本学科的优生层，培养优生群体；班主任抓全员优化；级部主任、业

务校长抓宏观调控，形成学校、级部、班主任和任课教师齐抓共管的态势。

（二）强化中坚，实现中等生的优化

中等生是学习的主流，可塑性很强，是提高教学质量的主力军。我们给他们提出了"低档题力争得满分，中档题力争少失分，高档题争一分算一分"的要求，努力实现中等生的再优化。

（三）牵引指导，加强后进生的转化工作

对于后进生，本着"不抛弃、不放弃"的理念，制订了《转化后进生工作方案》，把每班学科不及格的同学对应分给任课教师，重点跟踪、指导，从低年级抓起，首先保证学科考试及格，力争小学结业无不及格学生，并对于转化成绩突出的教师和进步明显的学生给予大力表彰。

五、聚焦管理效能，塑造"安全校园"品牌

校园安全是学校工作的重中之重。学校定期组织安全排查，发现隐患，处理隐患，关键位置标识醒目，提示明确。每学期组织应急演练。联合交警、消防、公安、卫生等部门给学生进行交通安全、消防安全、自我防护、饮食卫生和一般疾病预防知识讲座，增强学生的自我防护意识。

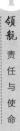
以匠心致初心　让生命自然绽放

平度市红旗幼儿园　赵咏梅

建一所孩子成长的乐园，一直是我的职业梦想。带着这个梦想，2020年，我成为当时平度市唯一一所局属幼儿园的园长。园长之路伊始，我便被告知幼儿园自收自支了。但在我心里，追求孩子发展最大化的目标没有变。我深知，园长的眼界决定了幼儿园的境界，园长的思想高度决定了幼儿的发展高度。建一所园子的梦想从那时候生根、发芽，我带领我的团队开启了红旗幼儿园的自然教育之路。自然教育的提出是基于我国著名教育家陈鹤琴提出的"大自然、大社会都是活教材"。我园地处城乡结合部，有得天独厚的自然优势。于是，自然教育也就水到渠成了。

一、生命本位，探析自然教育价值

多年来，我们从未停止自然教育探索的脚步。从开始带领幼儿走出幼儿园、走向大自然，享受自然赐予的美好与成长，到将自然元素搬进幼儿园，创设田园野趣的环境，让幼儿每天沐浴在自然中，与自然对话，释放天性，激发其生命的本能，再到今日追随幼儿的兴趣和需要，我们认识到，每个儿童都是一个与众不同的生命个体，带有独特的生命密码和使命。我们要尊重每个生命，激发其内在的成长力量，让他们按照自己的节奏成长为他们自己，让每一个孩子的生命之花都能自然绽放。

经过多年的探究与积淀，我们形成了"顺应规律，释放天性，让幼儿自然而然地成长；尊重生命，张扬个性，让幼儿成为自己；唤醒生命，激发灵性，让生命之花绚丽绽放"的自然教育理念，确立了"让每个生命都能向上生长，自然绽放"的自然教育愿景。

二、生态统筹，打造返璞归真的自然环境

一个热爱自然的孩子是快乐的、纯朴的、充满灵性的，为此，"城市里的田园"是我园对户外环境的定位。

（一）返璞归真，融入自然

我们将沙、土、水、石、花、草、树等自然给予人类的礼物呈现给孩子，并将各种自然元素合理规划巧妙整合，力求让每种材料、园内的每平方米都能焕发其独特魅力，发挥最大的教育功能。菜地旁边，磨盘、碎石、原木、水车等自然材料巧妙组合的水系，不仅能让环境灵动起来，更能触发孩子们引水灌溉植物的探究欲望；古香古色的水沟，既是感受小桥流水、树叶漂流的好地方，也是玩水、打水枪的游戏场；水井盖上的凉亭，是孩子们聊天、看书、画画的休闲地；在大大的白帆下堆沙雕、修水渠、玩跳水、玩水球，犹如走进海滩乐园；现代化涂鸦墙、泥巴台打开了孩子们想象的大门；小树林里纵横交错的绳索、简易的三角帐篷、小山坡里的隐蔽洞、错落有致的攀爬网，都是孩子们天然的野战场；架起的树屋变成了孩子们梦想的"海盗船"，孩子们在"海盗船"下走绳索、吊臂力、荡秋千，玩得酣畅淋漓。

（二）田园野趣，顺其自然

开放的自然环境会让孩子感到自然和放松。我们及时关注孩子的兴趣，让孩子更加积极主动地与环境对话。他们喜欢在小树林里玩过家家、爬高等游戏，我们就将锅碗瓢盆等废旧材料和梯子、轮胎等低结构材料，投放在孩子看得见、放得回的位置，满足孩子交往合作、创新想象的需要；他们喜欢冒险和挑战，我们就设置绳梯、绳索、索道、滚筒等材料，进一步激发孩子勇于挑战、突破自我的愿望；将大型积木、纸筒、高低凳、滚桶、安吉箱等低结构游戏材料投放在各个区域，引导孩子创造性地组合混搭，玩出新花样。

投放材料是一个漫长、不断优化的过程，要基于孩子的发展需求，随时调整。所以，我们每天都在游戏现场跟踪观察，发现问题及时解决。孩子对树屋不感兴趣，分析原因是上下只有一条通道，孩子要走回头路，于是改建为双向开放式，玩树屋的孩子一下子多起来。吊环区无人问津，是材料不适宜还是不需要？我们带着老师进行了体验式教研，老师在尝试中发现吊环比较细，孩子

抓不牢；吊环太高，中小班够不着；轮胎平桥的绳子太细，孩子握不住；轮胎立桥太稳，没有挑战性。于是，我们将吊环更换为粗细适宜的橡胶吊环，高度调整为低、中、高三个层次，将平桥的细绳换成粗绳，将立桥轮胎换成木板增加难度，吊环区成了孩子们争相选择的区域。

（三）同频共振，享受自然

家长的教育观念直接影响着自然教育的成果。为使幼儿园教育与家庭教育同步发展，根据孩子的性别、性格、特长及家长职业、文化背景等，每个班级成立了活动小组。教师指导帮助家长利用休息日，带孩子走进田野、图书馆、公园、陶艺馆等，开展亲子活动，让家长成为自然教育的同盟军，为孩子创造立体、全方位的自然教育环境。

三、课程引领，落实自然教育愿景

课程是自然教育实施的重要载体，我们将自然教育理念融入其中，秉承"让孩子户外玩得酣畅淋漓，尽情释放；室内养成愉快自主、文明有序的良好习惯"的发展理念，使每一个环节都能让孩子主动探究、获得成长。

（一）游戏活动，释放激情

游戏是幼儿的天性。多年来，我们一直潜心研究，持续推进，取得了丰硕成果。2015年至2021年，幼儿园先后三次举办了青岛市游戏现场会，得到了专家、同仁的高度好评。

1. 观察游戏，跟进指导

教师每天跟进游戏，观察解读游戏行为，提供适宜的指导，支持孩子深度游戏。游戏计划制定环节，重点在于引导孩子积极讨论、思考制定游戏内容、选择合作伙伴及游戏材料，让孩子有目的、有计划地进行游戏。游戏过程重点在观察、记录孩子的游戏状态，发现教育价值，反思教育契机。游戏分享环节，重点引导孩子分享获得的新经验、新方法，和孩子一起发现问题，探讨解决问题的方法，积累新经验，引发孩子深入探究。

2. 游戏故事，绽放精彩

自主游戏，让我们看到了了不起的孩子。在老师们的游戏案例中，我们听到了一个个充满勇敢快乐、自信阳光、团结合作、创新想象元素的精彩游戏故事。

例如案例"梯子遇上过山车"。在操场上，孩子们选择了最具挑战性的四面梯、轮胎架、梯子来搭建"过山车"。经过几个回合的尝试，"过山车"终于立起来。一个孩子迫不及待地卡紧梯子，拿起垫子爬上了"过山车"。爬到一半时，轮胎架发生较大倾斜。教师默默站到旁边，选择相信与守护。孩子放慢速度退了下来。他们尝试用轮胎进行加固，当轮胎增加到5个时，终于成功了。他们很快就不满足于滑着玩，又玩起了"保龄球"游戏：他们等距离直线摆放好圆柱，将垫子摆在圆柱前，滑下来的同时击倒垫子和圆柱，看谁击倒的圆柱多。

过程中，他们反复尝试，有的孩子将圆柱的距离变窄，有的加快滑下来的速度，有的用力伸腿增加力度。

游戏分享时，教师利用视频回放的方式引导他们探讨击倒"保龄球"多的原因和新方法，将探究引向深度学习。在后续游戏中，孩子们又创造了"解救小动物"的规则游戏。孩子们还搭了两个"过山车"玩起了接力比赛。一名孩子被撞倒了，为了争取时间，毫不犹豫地爬起来快速上了梯子，展现出浓厚的团队意识和竞争意识。

游戏中，孩子们的活泼、开朗、自信、阳光、勇敢、专注、投入和解决问题的能力令我们惊叹。

（二）创生课程，自然而然

大自然中蕴含着丰富的课程资源，我们根据孩子的兴趣，将各领域的教育内容有机整合，生成有价值的课程内容。通过孩子对周围事物的深入观察、主动探索、自主体验、有益尝试，达成课程目标，满足孩子的兴趣和发展需要。

幼儿园的柿子熟了，孩子们在树下议论："这些柿子可以吃吗？""柿子不能摘下来直接吃！""我奶奶说晒成柿饼可甜啦！""老师，我们晒柿饼吃吧！"于是"晒柿饼"主题产生了。活动中，柿子树太高，孩子们想出拿竹竿敲的采摘方法；不会晒柿饼，回家查资料；柿饼晒黑、有"白毛"，大家一起找原因。孩子们在采摘、晾晒柿子的过程中，学会了晾晒柿饼的方法，了解柿饼变黑是因为柿子削皮后果肉接触空气氧化的原因，了解"白毛"是晾晒出的糖粉。从发现问题到解决问题，这是一场孩子主动学习的发现之旅。

种植园里，水灵灵的大白菜让孩子们变成了"白菜迷"，"白菜丰收记"诞生了：画白菜做宣传，收白菜，运白菜，做白菜，孩子们一个个有模有样，干劲十足。自然日里，孩子们对树林中的野蘑菇产生了兴趣，开启了"小蘑菇成长记"的探索之旅。

我们坚信，亲近自然而又能自然成长的孩子，他们的内心一定是丰盈、坚韧的，有足够的力量向阳而生、向光而长！

牵手名校 联合办学 让优质教育之花盛开在广雅校园

——山东省青岛实验初级中学与青岛广雅中学联合办学的实践与探索

山东省青岛实验初级中学 范 磊

青岛广雅中学（以下简称广雅中学）始建于2015年8月，是经青岛市教育局批准，由青岛市市北区教育局与岛城初中教育的品牌学校——山东省青岛实验初级中学（以下简称实验初中）联合创办的一所全日制公办初中学校，是青岛市"加快办学模式改革，扩大优质教育资源"的重要举措。

学校秉承实验初中"为学生一生奠基，为民族未来负责"的办学理念和"人本立校、快乐育才"的办学特色，践行实验初中"崇德、敬业、乐群、好学"之校训，弘扬"广思博学，品雅志远"之校风，以立德树人为宗旨，以养成教育为根本，以培养创新实践能力为重点，突出音乐特长，为培养具有家国情怀、国际视野、品雅志远、学艺双馨的优秀初中生打下坚实的基础。成立后短短一年，学校便荣获"教育部音乐素养教育实验校""中小学舞蹈教育传统校""中国青少年创客奥林匹克系列活动实验基地"等荣誉称号。

一、文化先行，思想搭桥，塑造"和雅"的学校文化

联合办学，"联"的是区、校各自的优势资源；"合"的是优质名校的文化精神——让实验初中的学校文化精髓在广雅中学落地生根。因此，在学校文化建设过程中，我们始终坚持实验初中的办学理念、学校精神和办学特色，力求在学校文化上与实验初中一脉相承。

学校倾情营造"广思博学、品雅志远"之校风，努力构建以"和雅"为核心

的教师、学生、课程、管理、校园文化有机结合的文化体系（图1），为培养具有国际视野、家国情怀、品雅志远、学艺双馨的优秀初中生打下坚实的基础。

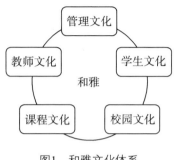

图1　和雅文化体系

分校取名"广雅"，出自实验初中的学校精神，义为：广者大也，即学识广博，见闻丰富。雅者正也，即才望高雅，举止文雅。分校将"崇德、敬业、乐群、好学"作为校训，崇德即为崇尚道德，提高修养；敬业即为恪尽职守，精益求精；乐群即为乐于合作，善于合作；好学即为热爱学习，终身学习。分校将"广思博学，品雅志远"作为校风。广思是希望广大师生学会多思、深思、反思；博学是希望广大师生做到海纳百川、有容乃大；品雅是希望广大师生树立行为儒雅、语言文雅、情趣高雅的良好形象；志远是希望广大师生坚定信念，树立远大的抱负和理想，更要不断地追求卓越，超越自我。

同时，广雅中学还注意将校园文化显性化，在VI（视觉识别系统）设计方面既能体现联合办学，又有自己的特色；既能不落俗套，又能体现学校精神。

校徽（图2）以"实验蓝"作为基础色调，传承实验初中的文化底色；以传统文字变形为主体，体现中国传统文化的魅力；外圆内方，表示心地雅正、沟通合作。

图2　青岛广雅中学校徽

可以说，校园文化建设外显于形，内发于里。实验初中文化的种子，得以在广雅中学萌发，是与其15年的孕育分不开的，是与联合办学的外部催化分不开的，相信这颗种子一定会在市北区茁壮成长、枝繁叶茂。

二、落实"同步"，用好"大家"，塑造"儒雅"的教师团队

实验初中与市北区在联合办学上的抓手是"五同步"，即重大教育教学活动同步、教师培训同步、教育科研活动同步、集体备课同步、学业检测及质量分析与监控同步。

为迅速提升教师的专业水平，打造优良的教师团队，学校确立了"依托本校，盘活分校；团队合作，培优育新"的教师培养、发展思路，注重教师专业成长，塑造教师儒雅气质，努力打造一支具有"文雅的个人形象、宽雅的爱生情怀、博雅的教师知能、邃雅的教研水平"的儒雅教师团队（图3）。

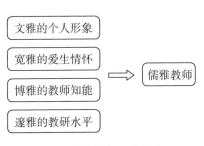

图3　儒雅教师团队理念

（一）加强集备，提升素养

一是积极参加实验初中的集体备课。通过对接集备，广雅中学的老师感受更多的是实验初中的学术氛围和研究意识，大家期待这种教研的文化也能在广雅中学扎根。二是加强广雅中学校内集备。建立健全了干部参与集备制度、集备展示制度等，规范集备流程，做好集备记录。所有学科的校内集备已规范开展，数学、英语学科已进行了校内集备的展示。

（二）关注青年，促进成长

学校建立了青年教师成长的"双导师"指导机制，为青年教师安排师德好、业务精、能力强的教学和班主任导师，进行"一对一"的指导与帮助。建立了青年教师成长团队，设立了"广雅·大家"讲坛，聘请实验初中四大名师为青年成长团队特聘讲师。

开展"我的课堂我做主"青年教师"$1+N$"基本功比武活动。本次比赛包括课堂教学、教学设计、课件制作与使用、板书设计、评课和粉笔字共6项，邀请了实验初中退休教师宋晓渝老师和陈锦华老师作为专家评委参与了整个比武活动，并对比武课进行了点评。

（三）走出请进，学得真经

学校派老师赴外地观摩数学、参加英语全国优质课比赛。班主任、教研组长和青年成长团队分别参加了本校的班主任、教研组长、集备组长以及赴北大的培训。所有学科教师到实验初中观摩"4050"精品课，并撰写了心得体会。学校开启了广雅微论坛，老师彼此交流教育理念、分享实践经验。这标志着广雅微品牌诞生。此后，微语录、微心语、微展览相继推出。

借力实验初中的强大师资资源和文化传承，青岛广雅中学教师队伍的成长，证明联合办学是"真办学、实联合"。相信随着联合办学各项系列活动的开展，广雅中学教师素养提升会越来越快，发展会越来越顺畅、联合办学的道路会越来越宽广，青岛实验初中集团化办学模式也会越来越清晰。

三、借力本校，聚焦课程，塑造"博雅"的课程体系

（一）抓课堂研究，促有效教学

为进一步推动学校课堂教学的研究，我们通过与实验初中一起集备、观

摩实验初中的"4050"精品课、参加实验初中青年教师赛课等形式，学习实验初中快乐、平等、尊重、宽容、批判的课堂文化，体验实验初中"快乐课堂"的内涵。学校通过承办市北区第六学区"同课异构"教学研究活动、青年教师基本功比赛、骨干教师示范课和一师一优课等活动，不断尝试"轻负高效"课堂教学的有效途径，全面推开轻负高效、充满活力的课堂教学形式探索，同时和实验初中老师一起研究课堂教学改革。在实验初中年会上展示了一节短课时的研究课，快乐、灵动的课堂教学受到了与会专家、实验初中老师的一致好评。

（二）加强课程改革，塑造特色课程体系

学校借力实验初中成熟的走班选修学校课程的模式，坚持课程创新，促进课程整合，形成了"必修课、选修课、活动课"三大校本课程体系；采取"走班选修制"实施的"雅趣60分"校本选修课，开课20门，为学生创造出各得其所的发展空间。学校课程的高质量实施进一步丰富了学生的校园课余生活，满足了学生的多元文化需求，推动了学校文化建设。

（三）加强教育科研工作，积极开展草根课题的研究

申报校级课题13个，其中生物组"初中生物实验改进与创新的研究"、数学组"班级管理中对小组合作的有效评价的策略研究"被立项为区级课题。

四、两校互动，快乐育才，塑造"隽雅"的学生气质（图4）

在德育工作中，学校以立德树人为宗旨，以养成教育为根本，以"双自"（自主学习，自我管理）教育为突破口，促使学生养成良好的生活、学习和思维习惯，从而提高学生选择、沟通和心理调节的能力，为培养具有家国情怀、品雅志远、学艺双馨的优秀初中生打下坚实的基础。

在开展德育活动中，我们和实验初中互通有无，资源共享，同步进行，但在具体活动方案设计和实施上又各不相同。这样，活动的开展各有千秋，各具特色。

加强德育课程体系化，推进学生内涵式发展。我们不断完善"三纵四横"的德育课程构建体系。在学生教育中，各年级分别以"感恩·责任""青春·担当""规划·发展"为年级教育主题，通过升旗仪式、节庆、主题教育、实践活

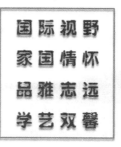

图4　隽雅学生的气质

动等，不断激励学生在成长中自主、求真、向善、唯美。在每年的教育中寻找创新点，找准切入点、抓好关键点、落实工作点，不断变换新形式、注入新内容，做好"点"的工作，理顺"线"的工作，扩大德育工作"影响面"。

深化团队建设，拓展学生自主发展空间。成立由学生自主管理的多个社团，由学生团队合作确定发展目标，制定规章制度，协调组织开展活动。在活动组织中充分发挥学生干部的能动性，采取学生提出的富有创意和实操性的想法，提高学生干部的组织能力和自主管理能力。组建了诚信考场，学生自主进行考务工作，自觉维持考场秩序。调动校外资源，开展实践活动，与青岛市党史纪念馆结为共建单位，成立广雅中学第一个校外实践基地。

五、以人为本，科学管理，塑造"正雅"治理体系（图5）

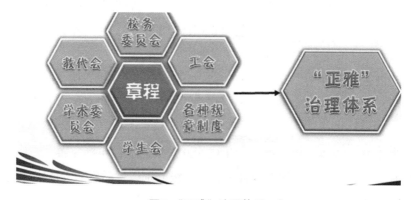

图5　"正雅"治理体系

学校坚持实验初中的"知民情、用民智、聚民心、顺民意"的人办管理理念。知民情，就是畅通干群交流渠道，把握一线动态，了解教师需求；用民智，就是坚持民主决策，发挥教代会、工会和校务委员会的作用；聚民心，就是用学校愿景提升文化、凝聚队伍、鼓舞干劲、促进发展；顺民意，就是坚持人本理念，为教师快乐工作、充分发展营造氛围。学校确定了"科学管理，人文关怀"的管理思路。在具体管理方面，提倡制定规范而又超越规范，对待老师力求宽容、宽厚、宽松，说话办事力求公平、公正、公开，努力创造爱才、用才、育才的机制和氛围，为老师营造一种和谐、愉快、民主的人际环境和科学、严谨而又宽松的学术氛围，让老师真正找到职业的幸福感和事业的归属感。正是回归人本，用真心换取真心，用感情赢得感情，才极大地激发了广大教职工的自觉性，使其自发投入学校建设中，挖掘自身潜能，重塑自身价值。

六、关注家长，提升素养，家校携手，共育未来

学校成立了青岛广雅中学家长学校，制订了《青岛广雅中学家长学校建设方案》，聘请青岛市家校促进会孙增信会长担任家长学校的名誉会长、王永祥副校长为家长学校的名誉副校长，邀请修文俊老师作为"广雅家长讲堂"开讲老师，为广大家长上了"打牢基础，养好习惯——关于初小衔接的几个思考"一课。

举办了"走进广雅"家长开放日，开放日当天，家长们选举产生广雅中学首届家长委员会，并走进孩子的学科课堂和选修课堂，全方位了解广雅中学的教育教学情况。同时，全体家长、学生和教师聆听了青岛二中高级教师刘阿波老师的"分数、孩子、未来"家长学校讲座。首届开放日纪实在次日人民网刊登。

七、学校五年规划

建校之初，我们就对学校进行了顶层设计，首先制定了《青岛广雅中学章程》，从制度上确定了学校依法办学、依法治校的现代学校治理体系。同时，学校于2015年制定了学校五年发展规划，有明确的发展目标和分解目标。目前，学校每个学期都已开始实施规划中提出的"一三五"计划，递次推进、逐

步深入，即：明确一个目标，进行三个探索，实现五个"塑造"。

（一）明确一个目标

创建区内一流、岛城知名、特色鲜明的现代化初中品牌学校。

（二）进行三个探索

（1）探索联合办学新模式，立足教师综合素养提升；

（2）探索美育特色新思路，立足学生素质发展需要；

（3）探索双校区管理新方法，立足学校优质资源整合。

（三）实施五个"塑造"

（1）塑造"和雅"的学校文化，塑造"儒雅"的教师团队；

（2）塑造"博雅"的课程体系，塑造"隽雅"的学生气质；

（3）塑造"正雅"的治理体系。

"一花独放不是春，百花齐放春满园。"广雅中学全体师生将以揭牌成立为契机，以学校五年规划为抓手，统一思想，鼓足干劲，抓住机遇，不负重托，积极开展教育教学实验，让实验初中的优质教育之花开遍广雅校园的每个角落，为全市联合办学的综合改革提供可资借鉴的经验，为实现把广雅中学建设成区内一流、岛城知名、特色鲜明的品牌初中学校的目标作出我们应有的贡献！

组建学区共同体　共享优质教育资源

山东省青岛第五十七中学　吴秀伟

推进基础教育综合改革，谋求教育体制机制的创新，党的十八届三中全会将"试行学区制"作为深化教育领域综合改革的一部分。各级基础教育综合改革的意见和方案中，都将义务教育学区制建设作为推进办学模式改革，创新现代教育治理研究，提高教育均衡发展水平的重要举措。按照青岛市市南区教育和体育局的要求，我们组建了市南区东三学区，由青岛第五十七中学、青岛福林小学、青岛南京路小学、青岛新世纪学校四所学校组成。经过交流、沟通、会商，确定开展小初衔接项目研究，以项目研究为引领，组建学校发展共同体，实现小学与初中纵向衔接、横向协作的模式，推进优质资源共建共享，探索义务教育学校管理新格局，推动义务教育均衡发展，努力促进教育公平，提高学校的办学水平和教育质量。

一、强化学区意识，明确目标，全员参与

学区初建，首先是各个学校认真梳理办学特色、学段特点及共同点，从思想上充分认识到加强学区建设、做好小初衔接对于提升办学水平和教育质量的重要意义，自觉增强学区意识，共享优质教育资源。其次，确定了学区建设的目标和工作思路。以"共享优质教育资源，实现小初教育一体化发展，促进学生健康成长"为目标，明确"参与主体广泛、活动形式多样、研究内容丰富、彰显学校特色"的工作思路。基于学区实际，将课程建设、教学研究、学生教育、特长培养、特色建设及家校合作等作为工作内容，教师、学生及家长全员参与，学校间、学段间相互学习与交流，资源共享，相互促进，上下延伸，无缝衔接。再次，制定学区工作计划，共同商定每项工作的目标、任务、时间和

责任人，明确分工，全员参与，统筹安排。

二、统筹优质资源，突出特色，提高质量

以小初衔接项目研究为基础，着眼于学生健康成长，突出各校特色，统筹资源，创造高品质学区教育。

一是进行学区课程建设。一方面，推进国家课程校本化研究。以提升学生核心素养为目标，小初教师共同研究小学课程与初中课程的衔接点，针对衔接点，小初教师分别设计、开发课程，确定教学内容，组织课堂教学。目前已经尝试的学科课程有语文、数学、英语、科学与物理化学、艺术等，已完成的课题有"轮椅上的霍金""'黄金比'之美"等。这些课程既适合小学高年级学生的认知水平，又为学生未来初中学习奠定基础，受到学生和家长的欢迎。另一方面，进行学校特色课程学区化研究。东三学区的学校特色明显，我们尝试将学校特色课程上下延伸、拓展，形成学区课程，满足学生学习需求。顺承福林小学的灯谜课程和南京路小学的足球课程，我校也开设了灯谜选修课，组建了足球队，使学生在中学能够有继续学习在小学培养的爱好特长的机会。青岛福林小学和青岛南京路小学也分别组建了模联社团，使我校的外语类特色课程下移到小学高年级。学区课程的开发，有利于小初课程衔接，促进了学区一体化发展。

二是开展学区教学研究。实施联合教研制度，统筹开展学科备课、教学研讨、听课观摩等教研活动。以组织学生核心素养提升竞赛为载体，组织小初教师共同研讨，命制竞赛题目。通过对竞赛内容、形式和组织方式的共同研究，教师间增进了交流，彼此了解教学的重难点以及教学方式的异同，有助于老师在教学中加强小初衔接。组织教师沙龙。小学科学教师对教学中的难点和疑点进行了梳理，我校物理、化学、地理等学科教师根据小学老师提出的问题认真备课，借助演示实验，与小学老师沟通交流，答疑解惑。学区联合教研，使老师获得了更多的学习机会，对学生过去和将来的学习情境有了更多的了解，有助于因材施教，改革教学方式。

三是组织学区学生活动。充分利用学区内的教育资源，实现图书馆、功能教室、运动场所等教育教学资源的共建共享。组织的学区学生活动主要有：由青岛第五十七中学主办、其他学校协同并参加的学生核心素养提升系列竞赛、

模拟联合国大会；由青岛福林小学主办、其他学校参与的传统文化诵读活动和灯谜大赛；由青岛南京路小学主办、其他学校参加的学区足球联赛、小初衔接课程等。各校自行组织学校活动时，也分别邀请学区内其他学校参加，安排教师、学生参与、观摩、送节目等，彼此交流学习，互通有无，亲如一家。

四是建立家长交流平台。组织每一项学区活动时，四所学校都邀请家长参与；组织了学区家委会的工作交流，初中家长与小学家长面对面交流等。家长的参与对学区建设是很好的支持与促进。小初家长之间的交流，使家长们有更多的共同语言，有更多的收获。

三、注重工作实效，总结反思，继续推进

在学区建设中，我们坚持有利于学生成长、有利于教师发展、有利于学校教育质量提高的原则，提前谋划，做好方案，团结协作，注重实效。每项工作都有计划、有落实、有效果、有小结。在没有现成案例可以参照、没有成熟经验可以借鉴的情况下，我们不等、不靠，积极主动地去研究、去实践，充分认识到加强学区建设有助于学生健康成长，有利于教师专业发展，可以实现学校间相互促进、共同发展。在制定学区计划时，大家充分发表意见，集思广益；在分配任务时，各校积极主动，勇挑重担。虽然学段任务不同、学校特色不同，但是共同的教育理想、事业心和责任感使我们紧密地团结在一起。

改革需要创新的勇气，更需要实践。学区建设要立足于学校，我们将学区计划中的相关内容列入学校工作计划中，与学校教育教学工作紧密结合，既有统筹，又将学校特色工作"放大"，使学区建设真正落到实处。教师、学生、家长全员参与，让大家更多地参与学区建设的过程，分享成果。

通过学区建设，小初学段高效衔接，将切实满足孩子的成长需求。我们将珍惜学区这一平台，不断努力，做好工作，共享教育资源，提升学校教育品质。

润物

　　教育与文化具有同根性，学校既是文化发展到一定阶段的产物，也是文化的重要组成部分。学校有传播文化、阐释文化、创造文化的文化职能，对内要达成学校文化的建设，对外要履行社会文化的责任，为党育人、为国育才是学校的重要职责。习近平总书记在北京大学师生座谈会上的讲话中指出："古今中外，关于教育和办学，思想流派繁多，理论观点各异，但在教育必须培养社会发展所需要的人这一点上是有共识的。培养社会发展所需要的人，说具体了，就是培养社会发展、知识积累、文化传承、国家存续、制度运行所要求的人，所以，古今中外，每个国家都是按照自己的政治要求来培养人的。世界一流大学都是在服务自己国家发展中成长起来的。我国社会主义教育就是要培养社会主义建设者和接班人。"

　　《义务教育学校校长专业标准》提出"以德为先、育人为本、引领发展、能力为重、终身学习"的基本理念，"营造育人文化"是其基本内容之一。如何凝聚学校文化建设力量，形成全方位育人氛围，把学生培养成为有家国情怀的人、有远大志向的人、有生活情趣的人，值得每一位校长思考。

以文化建设促进新建学校发展的实践探索

山东省青岛西海岸新区弘文学校　徐玉红

　　学校文化通过熏陶激励、规范约束等方式，直接或间接影响学校中的人，引领着学校发展。没有优秀的学校文化，难有卓越的学校。因此，对于新建学校而言，从建校之初就应该注重学校文化建设。青岛西海岸新区弘文学校创建于2013年，是青岛西海岸第一所九年一贯制义务教育学校。我们走出了一条文化引领、特色鲜明、内生力强劲的发展之路。

一、选择文化生长点：以"和合"聚人心，以"弘毅崇文"为育人目标

　　学校成立之初，在教师队伍方面，小学部教师主要来源于当地一所局属学校分校和一所城中村学校，中学部教师主要从青岛市西海岸新区各学校调配。生源方面，城中村学生约占67%，外来流动人口学生约占20%，城区居民学生约占13%。学校管理干部也来自不同的学校，年龄、工作经历、教育追求各不相同。针对这一现状，要在如此多元合并的基础上实现融通，建立共同发展愿景与教育追求至关重要。为此，我们提出"和合"文化理念，确立了"以文立校，以文化人"的发展战略。

　　"和"指和谐、和而不同；"合"指聚合、融合、合作。我们将"和合"文化作为学校发展的引导和支撑有坚实的地域文化为基础。学校所在地既有挺拔刚毅的山，还有宽厚包容的海，山海相容的琅琊文化与中国传统文化的精髓"和合"一脉相承。以"和合"作为弘文的学校文化，更多的是表达"以人为本，和谐发展，合作共赢"的价值追求，秉承"和合以达弘文"的办学理念，倡导和合精进，坚持"和而不同，卓然有成"，建构人与自然和谐、师生融合、课程通合、学生竞合、家校配合、资源整合的"和合"愿景，创办适合师

生发展的教育，实现建设"和合弘文—人文弘文—幸福弘文"的目标。

让大家建立共同愿景，在心中勾勒出学校未来发展的蓝图是"文化立校"的关键所在。"弘毅崇文"是建校之初确立的校训，是学校教育理念的集中体现。我们充分调动干部、教师、家长、学生社区等学校相关责任人和利益人参与的积极性和主动性，把梳理、参与、建构的过程变成理念认同、文化内化的过程。历经多轮深度会谈和思想碰撞，综合各方意见，将"弘毅崇文"的目标确立为培养"有梦想、有仁爱、有智慧、有担当"的具有国际视野、人文精神、科学素养的现代公民，并将"弘毅崇文"与"中国学生发展核心素养研究成果"有效联结。

二、建立文化认同感："人"与"环境"相融，"心"与"心"相连

学校文化不是简单张贴出来的、凭空喊出来的、专家评出来的，而是从学校里一点一点"长"出来的。我们将共同凝练而来的理念与文化落实到教育实践当中。

（一）让校园环境彰显学校育人理念

弘文学校将"弘毅崇文"作为教育价值追求：弘毅——养正训俭明德，崇文——笃学格致日新。我们将学校教学楼分别以"养正、日新、明德、笃学"命名，表示不同学段的学生要把握不同发展重点；功能楼以"格致、崇文、弘毅、训俭"命名，内蕴教育深意；校园内四条主干道分别以"文正、文远、文心、文成"命名，寄寓弘文人浩然之气、不懈追求的精气神。学校还建设了和合广场、九思广场、致远广场等三大主题广场和"六艺长廊""新区印记连廊"等文化景观，让师生时时处处感受到文化的濡染与馨香。

（二）打造家园文化，形成全员育人的凝聚力和向心力

学校文化建设不是校长一人之事，需要全体成员共同参与，大家结成一个学习共同体、命运共同体，建设好共同的家园。

一是建章立制，体现自主感。依托青岛市现代学校制度建设试点学校，落实"我的事情我做主"的民主管理理念，充分调动干部、教师、家长、学生、社区等学校相关责任人和利益人参与的积极性和主动性，讨论制定并通过了《弘文学校管理制度手册》，使学校管理行为有章可循。同时，从人本关怀

的角度进行合理修订，使制度具有人文情怀。同时，建设民主化管理机制。学校遵循"依法治校、激励为主、尊重差异、自主管理、民主监督"的原则，设置校务委员会、教职工代表大会、党总支、学术委员会、学生代表大会、家委会、学校理事会，共同组成学校权力机构，实行分权治理结构，分别决策相应事项，各类机构与组织相互协调，推进学校管理工作的高效运行。

二是注重教师专业发展，提升教师成就感。立足"九年贯通"建设工程，统整学科，高位引领。各学科实施每周半日教研活动，推进微课题研究，着力解决来自教学一线的实践问题。学校还依托青岛市名校长、名师、名班主任工作室，打造"科研发展共同体"，借力专家培养学科、班主任领军人物和优势学科，在"派出去、请进来、研起来"过程中，有效支持教师持续性专业提升，推进名优骨干教师快速成长，壮大名优教师团队。

三是让家长同频共情，生成合力感。加强家委会建设，实施开放办学。依托家长学校，提高家长育子水平。创新亲子活动，密切家庭关系。除了定期召开家长会外，学校还创新形式，指导家长科学教育孩子，随时为家长排除家教中的疑难困惑。譬如有针对性地通过微信平台、飞信电话、家长座谈、家访调查、专家讲座、案例共享等方式推送育子经验、反馈学生信息、共商教育策略，在转变家长育子理念、改变育子行为上下功夫，重点指导家长培养孩子良好的学习与生活习惯、良好的兴趣爱好，使家长真正成为教师的合作伙伴，改变过去5+2=0的恶性循环状态，实现5+2≥7的家校教育效果。

三、让课程成为学校文化载体：突出课程的育人价值，展现课程的文化魅力

（一）凸显学校文化特质的足球课程和书院课程

依托"弘毅崇文"这一独特学校文化特质，让足球课程承载"顽强拼搏、勇争第一、团结合作、遵守规则"的育人目标，实现"弘毅"；通过书院课程让"崇文"落地，推进特色育人。

在足球课程方面，学校与"鲁能泰山"俱乐部合作，坚持培育教练队伍、开设足球课程、组建足球梯队、强化日常训练，同时提高技战水平，"以球育德、以球启智、以球尚美、以球健体"，演绎"弘毅"文化的内涵与精彩。

在书院课程方面，学校以国学传承为重点，将以古代四大书院命名的阅览

室作为基地，以尼山书院落户为契机，联合当地书法家协会、作家协会，开展书法家、作家进校园活动，以诵读、书法、写作、课本剧等书院文化课程作为"崇文"文化的落脚点，建设书院课程，实现了以"国学"的传承与发展培养学生的核心素养。

（二）文化浓郁的乡土课程

为了让学生了解新区历史，传承地域文化，我们建设了"新区印记"文化长廊，开设"新区印记"综合实践课程，将剪纸、琅琊瓷等非遗项目引进校园，通过对一系列乡土文化课程的开发与实施，增进了学生对家乡的了解、亲近和热爱，在一定程度上推进了学校所在地乡土文化的传承与乡土文明的建设。

（三）独具特色的班级文化课程

每个班级都是学校极其重要的微中心，学校文化建设需要激发这些微中心的动力与创造力，因此班级文化是学校文化的重要一环。学校启动"我的文化我的班"行动，依循"培训动员、专家引领、学习借鉴、自主探索、榜样示范、同台竞技、班班出彩"的路径，引领学校各班级围绕学校和班级的核心价值理念，从精神文化、环境文化、制度文化、组织文化、活动文化、行为文化、课程文化、家长文化等八个方面建构班级文化体系，让文化真正落地生根。

（四）多元课程满足不同学段、不同需求的学生

为了让学生顺利度过不同学段，我们加强不同学段间的衔接研究，尤其是小初教师加强课程建设的学段一体化研究，开发引桥课程、家长课程，组织学生到高一学段学校进行游学体验活动，家校携手，做好学段衔接的教育与管理，强化学生在学科知识、方法及学生心理的过渡与衔接，缩短适应期。同时，弘文学校还对教材内容进行优化整合，解决了各学科教学内容交叉重复的问题，开发了节日课程、仪式课程、伙伴课程等成长课程。

著名作家梁晓声说："文化是根植于内心的修养，是无须提醒的自觉，是以约束为前提的自由，是为别人着想的善良。"我们认识到，新建学校的文化建设并非白手起家，而要从传统文化中找到原点，从地域文化中找到学校文化的支点，从当代文化中找到学校文化的契合点，形成文化自觉。我们将"不忘初心，目中有人"，做到"既关注树木又关注森林"，朝着学校教育、家庭教育、社会教育三位一体的立体化教育生态网络形成方向推进。

慧爱描摹风景　劳动启智润德

青岛市城阳区国城小学　郝玉芹

习近平总书记在《关于全面加强新时代大中小学劳动教育的意见》中强调："要在学生中弘扬劳动精神，教育引导学生崇尚劳动、尊重劳动，懂得劳动最光荣、劳动最崇高、劳动最伟大、劳动最美丽的道理，长大后能够辛勤劳动、诚实劳动、创造性劳动。"劳动教育是德育的重要组成部分，而反观当今社会，学生中普遍存在四体不勤、五谷不分、不爱劳动、不会劳动的现象，劳动所具有的特殊育人作用没有得到足够重视，劳动教育在家庭生活、学校生活、社会生活中被弱化和忽视。

学生的劳动情感、劳动习惯、劳动能力不是与生俱来的，需要借助后天教育力量逐渐养成。劳动素养的培养是家庭、学校、社会共同的责任，学校对学生劳动观念的树立、劳动习惯的养成、劳动技能的提高、实践与创新能力的培养发挥着重要且深远的作用。青岛市城阳区国城小学（以下简称国城小学）意识到德育要从学生成长发展和生活实际出发，从封闭的教科书扩展到学生熟悉的日常生活，选取学生感兴趣且有意义的劳动项目，引导学生在劳动学习与实践中慢慢成长，逐渐形成了学校独特的劳动教育方式。

一、课程上保障，立劳动教育之根本

（一）国家课程是方向

2018年全国教育大会指出，要培养德、智、体、美、劳全面发展的社会主义建设者和接班人，这与学校重视劳动教育的教学方向不谋而合。现阶段我们每周开设一节劳动教育课，孩子们在课堂上与老师共同学习劳动思想与实践技能；同时，作为全国教育科学"十三五"规划教育部重点课题"基于协同学习的小学生主题式跨学科课程整合研究"的子课题单位，学校以尊重兴趣、基于经验、联系生活、多元选择、着眼发展为理念，开启了"我爱劳动"主题跨学科课程整合的实践与探索。

劳动教育是立足于人的全面自由发展的教育形态。我们从各学科教学目标入手，变单一学科老师集备为各学科教师共同备课，将视、听、嗅、味、触等多种感觉融入各学科教学设计中。教师积极思考，认真研读教材，巧妙地将多学科知识，尤其是劳动教育融入自己的课堂。如语文课上，教师带着孩子们一起交流分享有关"劳动"的诗句，一起品味古诗词，在诵读中感受劳动的美好。数学课上，教师让孩子们以每小组研究的植物的生长为学习情境，研究植物的发芽期、生长期和花期间的比的关系，了解所研究植物的花期特性。英语课上，教师和孩子们一起用英语认识有关劳动的单词、谚语、名句，学生口头向大家介绍不同国家劳动的特色。科学课上，教师引导孩子们从科学的角度了解植物、认识植物，给植物分类，学习研究生物的基本分类方法。美术课上，教师通过和孩子们一起动手制作陶艺，探究植物的外形。音乐课上，孩子们通过学唱《劳动最光荣》，建立热爱劳动的乐观态度。以上课程无不渗透着劳动教育的思想，形成学科教育合力。

（二）卓雅、趣雅课程添光亮

国城小学建校于2015年，一直秉承"国之风、雅之城"的内涵，围绕"文之风、德之雅""慧之风、思之雅""美之风、健之雅"六大核心素养，从人文与品德、数学与科技、体育与审美三大课程领域入手，构建"风雅"课程体系，努力培养"学识卓雅、品行高雅、举止优雅"的慧爱少年。

劳动教育可以让孩子们获得积极的劳动体验，促进手脑结合。正确的劳动思想与良好的劳动习惯可以使他们学会互助、友爱与协作。我们依托"风雅"课程体系，赋予了劳动在校本课程上的精彩意义。

趣雅课程中，扎染和十字绣是孩子们特别喜爱的课程，我们将课程目标设定为了解扎染、刺绣的起源、作用、编制原理，让孩子们通过创作作品了解了古时手工艺者劳动的细致与辛劳，培养细心、耐心精神，提高孩子们的审美意识、环保意识和团结合作精神。每到周五下午，卓雅课程的陶艺室前总是早早就聚满了孩子，从揉制到烧陶，孩子们在老师的指导下一步步完成，选模时的纠结与兴奋，揉捏时的细致与耐心，烧陶时的喜悦与期望，都展现出他们对陶艺课程的喜爱。

对于学校而言，劳动课程的德育功能不可或缺，它是传授德育理念最有效的途径，劳动课程承载着培育伟大和聪明的社会主义事业建设者的基础性作用，可以在有效的时间内普及理论知识，促进实践劳动的升华。

二、两种资源，聚劳动教育之精华

（一）开发校内教育资源，打造劳动实践体验乐园

当下城市越来越大，农田越来越远，劳作的机会也越来越少，学生们与农耕、劳作文明渐行渐远。但国城小学因特殊的地理位置，让学生与劳动教育结下了不解之缘。学校依托自身独特的地理位置和自然环境，开拓校内劳动实践基地，从刚建校时方寸之间的"阳光农场"，发展到今天的"开心农场""雅爱农场""微耕园""润爱园"、种子博物馆和生态长廊，三场、两园、一馆、一廊的校园劳动基地建设已经初见成效。劳动之初，学生由于从未参加过这类活动，显得格外兴奋，带着兴趣劳动干劲十足，但分工不明确，没有规则意识，导致缺乏责任感，因此我们意识到制定规则的重要性。此后劳动基地实行"班级分区包干制"，由学生负责种植与管理，每个班级都采取我的田地我做主"六自"原则，实施劳动教育，即学生自己思、自己种、自己收、自己管、自己查（资料）、自己评。我们着重引导学生做好种前准备，种时体验快乐，种后做好观察与管理，用文字及绘画形式记录植物的成长过程。在老师的帮助下，学生由开始的不擅长，逐渐学会了长期观察、细致观察、连续观察的方法与技巧，经过一次次尝试、改进，逐渐形成了自己的学习体验模式。

在学生辛勤劳作及悉心照料下，学校"三场"先后收获过小麦、茼蒿、菠菜、油菜、西红柿、秋葵、丝瓜、南瓜、黄瓜等多种作物。而学生的最爱当属"微耕园""润爱园"中的苹果和柿子。学生在党员教师的带领下对果树进行修剪、施肥，收获果实，烘焙课上制作甜点，形成种植、管理、采摘、加工制作链条模式，保障劳动教育过程的完整性。

国城小学在送走了第一批毕业生后，迎来了他们亲手播撒下的"种子博物馆"。博物馆中展览着300多种植物种子，学校与青岛农业大学农学院结为党建

共建单位，定期邀请农大的专家到校讲解种子及种植的相关知识，使劳动教育与思想教育相结合。耳濡目染中，学生对农作物的种植、培养、收获产生了浓厚兴趣，课下自觉学习农业知识，认识到种子从萌发到收获，不仅饱含劳动人民的辛劳与汗水，还饱含着一粒种子的伟大理想——它想要成长、追逐，想让自己的生命变得有价值、有意义，就要努力向上，就要勇敢坚强。

从种子的选取到种植再到收获，学生真正体会到了"谁知盘中餐，粒粒皆辛苦"的深刻含义。只有学生们体会到每一颗种子从播种到收获的来之不易，感受通过坚持与爱心换取收获的满足和幸福，才是我们德育要达到的真正效果。而这些都是书本上的几行文字表达不出来的。因此，孩子们更加懂得珍惜粮食，餐桌上"光盘"自然而然地转化为孩子们的行动，而不仅仅是一句口号。

（二）开拓校外教育资源，培养国城"慧爱"少年

校外是一个广阔的劳动舞台，在真实的劳动场景中，劳动教育才能真正发挥其应有的效力。党员教师和少先队员多次登上毛公山、走进社区，捡拾垃圾、清理杂草；学生走进社区对居民宣讲垃圾分类、文明交通等相关知识；家委会成员带领学生参观与学校临近的食品厂，让孩子们了解到从原材料加工到装袋上架，一块饼干、一颗糖果的生产需要成百上千劳动者的努力，在孩子们心中树立尊重劳动者、学会节约的思想观念。校内、校外资源的融合，让学校的劳动教育有了强大的发展动力。

三、三种体系，汇劳动教育之精彩

（一）学校劳动体系，浸润劳动思想

我们认为，劳动要融入校园生活的细微之中，要组织学生参与力所能及的劳动，让学生在琐碎的事务中体会班级管理的不易，在劳动中树立"我为人人，人人为我"的服务意识。例如，在班主任的指导下，学生们扫地、擦地、排桌椅；午餐时间，餐厅帮厨小能手帮忙摆放餐盘；植树节时师生共种树，端午节时学生互编五彩绳，中秋节时动手做月饼。这些劳动让学生认识到了自己的价值，了解了中华传统文化，更学会了担当，培养了责任感。

（二）丰富家庭劳动体系，养成劳动习惯

疫情防控期间，学生居家学习，有大量自由支配时间，学校以此为契

机，鼓励学生下厨，做美味食物，并拍照在班级群里交流分享经验。为了让学生更加大方地展示自己，学校鼓励每一位学生争做美食小主播，以视频的形式记录烹饪食物的过程，定期由学校公众号推送，为学生提供一个展示自我的平台。

实践劳动有课本知识无法代替的育人价值。烹饪的过程不仅锻炼了学生的动手能力，提高了劳动意识，同时锻炼了其灵活应变及统筹规划的能力，每一道菜品的完美呈现都离不开学生的学习和尝试，看似简单，也需要开动脑筋、多方协调。一道简单的菜品，因为学生亲手烹饪，被赋予了非凡的意义，或是出于身为家庭小主人的责任心，或是对父母的一片孝心，抑或是对技能提升的一种挑战，都激励着他们把这件事做好。

通过观察，老师们发现，在视频制作的过程中，平时不爱表达或不善于表达的学生，在家长和老师的指导鼓励下，语言表达能力和镜头感有了很大的提高，增强了自信心，更加敢于尝试和表现自己。同时，这项活动让学生懂得，任何一项引以为傲的技能都不可能单纯依靠书本知识获得，更不是一朝一夕的事，需要长时间的努力和实践积累。

（三）利用慧爱评价体系，激发劳动热情

为强化劳动习惯，学校将劳动融入慧爱评价体系中，定期开展各项劳动技能大赛，评选劳动小达人、"小手拉大手，垃圾分类我先行"每日打卡者、每个级部劳动清单全部落实者以及小鬼当家、种植小能手等，奖励相应的成长币和智慧卡，将劳动成果纳入"十个一"评价记录手册，形成客观、公正、全面、恰到好处的评价体系，帮助学生树立了"劳动最光荣"的价值观。

劳动是人类的本质活动。在一系列活动中，我们看到了学生的成长，也感动于他们对劳动、对生活的热爱。下一步，学校将以"创新"作为新的定位，与城阳区职教中心合作，搭建缝纫特色女工坊、木工坊、机械坊等，让学生经历劳动过程，体会劳作的辛苦与收获的喜悦，学会理解并尊重普通劳动者，在生活中养成勤俭节约、创新奉献的劳动精神，在劳动中磨炼意志、锻炼能力，为成为德、智、体、美、劳全面发展的社会主义建设者和接班人而努力。

中职学校"润德立人"德育品牌的构建与实践

青岛市城阳区职业教育中心学校　王建国

一、德育品牌形成背景

社会在变革，科技在迅猛发展。面对激烈竞争，实施教育改革、创建教育特色和品牌是教育发展的趋势。"立德先立人"，创建德育特色和品牌必然成为教育改革之首。然而在市场经济的影响下，传统道德出现滑坡，拜金主义、享乐主义上升，学生的道德观念受到极大的冲击，于是借助社会有效文化资源，实施"文化浸润"成为我校德育品牌建设的重要任务。

高尚的道德品质是中职学生赢得他人尊重、受到企业接纳、成就一番事业、获得人生幸福的必备条件。然而，独生子女时代的中职生受多元化的社会生活方式、错综复杂的道德观念和处世态度的冲击，对价值观认识不足，急需一种能潜移默化作用于学生心灵深处，让学生终身受益的德育方法，这成为品牌内涵"学堂滋润"的创建背景。同时，职业教育的灵魂要求职业教育必须培养学生的"工匠精神"，要求职业院校的学生不仅要有过硬的专业技能水平，而且要有良好的职业素养和高尚的道德品质。

面对传统德育效能乏力、班主任工作力不从心、社会存在质疑和不满等德育新形势，学校开始进行"润德立人"德育品牌策略，探寻适合中职生特点的新型德育模式，在"全员参与德育管理，人人都是德育工作者"的德育格局下，形成德育合力，促使学生实现道德内化，提升德育管理实效。

二、德育品牌创建目标

品牌名称：润德立人。

品牌内涵：坚持以学生为本，通过文化浸润、学堂滋润、职场渗润和全员浇润，培养良好的道德品质和行为习惯，为学生立业发展打好坚实基础。

品牌理念：发展以人为本，立人以德为先。贴近专业，突出特色；润导育德，践行树人。

品牌标识（图6）：

图6　品牌标识

品牌特色简介："天生烝民，有物有则；民之秉彝，好是懿德。"中华民族是推崇以德立人的民族，我们将传承"以德立人"的传统文化为己任。"道德当身，故不以物惑。""富润屋，德润身。"我们将提升学生的道德修养作为最崇高的事业。

三、德育品牌创建过程

我校设计德育品牌创建流程为"调研—提炼—构建—测试—调整—推广"六个创建环节。首先对学生成人成才品质状况、社会对人才的素质需求、学校改革发展形势，家长对学校管理要求进行调研及分析，提炼出"润德立人"的德育品牌价值，并分解为"文化浸润，立人之德；学堂滋润，立人之心；职场渗润，立人之志；全员浇润，立人之身"四个理念体系。然后拟定四个品牌体系构建策略，形成德育新格局。选择学生进行"文化润德、学堂润心、职场润志，全员润身"试点研究，形成独特、有影响力的德育途径、模式和方法，并根据实验效果和品牌效应对品牌理念体系和品牌实施策略进行调整，使品牌更具实力。最后通过媒体宣传、专家评审、家长调查、企业咨询等途径进行推广，提高品牌知名度和社会影响力。

四、德育品牌实施过程

（一）文化浸润，活动育人

整理社会有效文化资源库，包括优秀毕业生、学生身边的榜样、企业中的先进事迹、媒体宣传的道德模范等生动事例的文字资料或视频，供学生阅读或收看，并撰写评论，激发学生学习热情，明确奋斗方向。

举行班级文化、宿舍文化主题活动，提升学生文化涵养；开展优秀企业文化进校园，让学生得到企业文化的熏陶。

开展丰富多彩的德育活动，在活动中育人。学校成立20多个学生社团，出刊7种校园刊物，举办体育节、"校长杯"比赛，举行校园歌手大赛、艺术节演出、社团成果展示等教育活动，不断提升学生人文素养。学校在"区长杯"体育艺术比赛、全国全民健身操舞大赛、青岛世界体育休闲大会、"市长杯"足球赛、全国触式橄榄球锦标赛等赛事中都取得可喜成绩。各专业部根据学校工作及学生特点，制订专业部德育特色建设方案，自主组织特色德育活动，提高学生综合素质。机电专业部组织了"奔跑吧兄弟"系列活动，经贸部组织了"润青春"系列活动，计服部组织了"青春梦"系列活动，每个部组织的活动都有自己的特色。

（二）学堂滋润，以情感人

学校开设道德学堂，让学生在感悟体验中打造情感课堂，教学生如何做人处事，形成"感悟·实践·体验"的独特德育模式。

1. 自编校本教材

学校自编了家庭美德、职业道德、社会公德、个人品德四个教育主题系列的《道德学堂》校本教材，创建了课程网站，保证了教育活动的有效开展。

2. 抓好四个环节

道德学堂由德育教师组织实施，采用看、写、讲、评四步教学法，两节课完成一个教育专题。"看"即观看典型道德素材——体验道德；"写"即写出个人体会——倾诉心灵感悟；"讲"即讨论交流——进行道德认知和心灵启迪；"评"即评说人生感悟——提升道德情感。

3.突出情感主线

感悟式道德教育以情感教育为主线，通过教师引导、典型事例佐证，实现对学生心灵的震颤和洗礼，凸显学堂滋润特色。

4.开展实践体验

依据道德学堂教育主题，学校实施养成式道德实践和体验，将道德学堂的教学内容与德育活动有机结合起来，不断延伸和升华道德学堂的教学效果。

一是实施行为养成目标管理，让学生根据个人的品德情况，自定行为养成目标、自寻行为养成方法、自评行为养成效果，循序渐进地提升道德修养。二是配合"爱心奉献"教育主题，组织学生走出校园，走进社区和敬老院；让学生在为他人服务的同时发现和感受人间真情。开展"校园之星"评选，让学生彰显个人风采，体会受人尊重的成就感与幸福感，培养学生的自尊心和自信心。三是举办职业生涯设计比赛，采访优秀毕业生，调研企业用工需求，让学生明确企业用人标准，深刻理解诚信、奉献对职业发展的意义；在"校企合作、工学结合"的实习实训中，让学生进入企业，学习工人师傅优秀品德，体验"赚钱不容易"，进而更加珍惜父母血汗，懂得孝老爱亲；四是在道德学堂内新开"阳光男生"和"优雅女生"课程，向学生传授"绅士"和"淑女"秘籍，配之以现场表演和礼仪大赛，让良好的行为习惯在学生心里生根发芽。

（三）践训渗润，职场化人

1.成立"尚技"义工志愿服务队

通过开展形式多样的社会实践活动和志愿者服务活动，让学生走出校园，走进社会，在运用所学专业知识为他人服务的同时实现人生的价值，增强责任感。

2.创新实习教学

构建"高一到企业参观，高二进企业见习，高三留企业顶岗"的新型模式，学生在校内数控、机电、物流等大型实训车间动手操作，在企业专设的实习场所顶岗生产，经受职场渗润，向工人师傅学习职业技能和优秀品质，培养吃苦耐劳精神和质量效益意识。

（四）全员浇润，立德树人

1.实施德育导师制度

每名导师一对一辅导一名学生，定期找学生谈心并做好谈话记录，定期与家长联系，参与到班级管理中来，在校园内形成了"全员参与、全员育人"的德育工作体系，促进了学生全面健康发展，进一步提高了学校德育工作的针对性、主动性和实效性。

2. 实行星级班主任评选

建立星级班主任队伍，教师根据获得优秀班主任称号的次数评为"三星班主任""五星班主任""十星班主任"，超过十星的可再争"银星班主任"和"金星班主任"。通过不断完善班主任培训、考核和激励的长效机制，建成了一支长期坚守岗位的优秀班主任队伍，营造"人人愿意做，做得好，人人争着做，做得优"的班主任工作氛围，践行"立德树人"的根本使命。

3. 举行班主任节

举行班主任节，弘扬班主任热爱学生、甘于奉献的精神，搭建班主任和学生沟通、互动的平台，营造尊重、理解班主任的良好氛围，让班主任文化不断地传承和发扬，实现立德树人的目的。

五、德育品牌实施效果

1. 育人质量提升

自"润德立人"德育品牌创建与实施以来，学生的思想道德水平与职业道德素养得到社会认可，企业对学生行为表现的满意度明显提高。连续几年，学生的就业安置率年年达98%以上，首次安置的岗位巩固率达95%以上。在社会主义市场经济环境下，"润德立人"德育品牌彰显了它的生命力和社会价值。

2. 学校竞争力攀升

家长满意率逐年上升，全国技能比赛成绩逐年攀升，学校参加全国组织的评选活动成绩较为突出。

一砖一石总关情　一草一木皆育人

——浅谈校园文化建设的几点做法

青岛市即墨区普东中学　朱永祖

校园文化是一所学校的精髓和灵魂，是激发全校师生活力的源泉，是构成学校办学实力和竞争力的重要组成部分。因此构建一种适合师生成长的校园文化，并将这种文化打造成一种标识度很高的品牌文化，将对学校的发展起到积极的引领作用。我校是由两所乡镇学校合并的"新建学校"，新校区建设中"一砖一石总关情，一草一木皆育人"的育人理念就贯穿自然景观、人文景观、科技景观的建设始终。

2011年，借创建青岛市标准化学校和青岛市规范化学校的契机，我校更是下大力气致力于校园文化建设，积极打造"以优美的校园环境感染学生，以优秀的文化熏陶学生"的育人环境，从学校软实力层面打开缺口，为学校打造农村窗口学校插上了助飞的翅膀。

一、以塑造"崇德明理、博学笃行"的精神文化为核心，建筑校园文化主线

我校把"精神文化建设"作为校园文化建设的核心，努力塑造"崇德明理、博学笃行"的人文精神，并使这种人文精神成为校园文化建设的灵魂和内核，成为学校最宝贵的文化精神财富，成为做好一切工作的动力和源泉。为此，我校对校园文化建设进行了系统规划，修订了校训，新校训为"崇德、明理、博学、笃行"，充分体现了"以人为本，德育为先"的育人理念，并以此作为校园文化建设的总统领，按上述四个板块进行总体设计，以此辐射整个校园；设计制作了新校徽，以"普东"拼音首字母"P"和"D"为主元素，变形为展翅翱翔的鹏鸟，象征着普东中学御风而行、扶摇直上、强势发展，并将新校徽在校园内广泛应用，使之成为一种标识度、认知度很高的宣传媒介；另外，我校教学楼内分别设计、制作了十个系列的宣传牌，为每个班级创建了特色鲜明的班级文化宣传阵地，在校园内增设了校园文化长廊和永久性教育专栏。

宣传栏、文化走廊与绿树红花交相辉映，追求的是一种潜移默化、润物无声的教育效果，这也构成了我校一道亮丽的文化风景线，真正做到了"学校无闲处，处处皆育人"。

二、建设优美校园环境，创建校园文化建设的物质基础

作为一所农村初级中学，我校绿化面积达6060平方米，体育场占地面积18555平方米。为实现设施现代化，运用现代的信息技术武装学校的教育教学，建设富有现代气息的校园，学校安装了校园广播系统，建成校园网，还给每位教师配备齐电脑。为督促教师充分利用电脑及校园网平台进行网上教研，切实提高校本科研的针对性和实效性，现正在准备培训教师开通"校园博客"，鼓励教师积极参与网上互动，及时将自己撰写的教育随笔、导学案、教学案例、读书感悟、读书笔记以及论文、课件在"校园博客"上发布交流，共同研讨，共同提高。"校园博客"的开通，将为教师搭建起一个资源丰富、便利快捷的网上教研平台，使教师开阔教学视野，让教师从繁重的抄抄写写中解放出来，使教育科研成为每一位教师的自觉行为，为促进学校的教育现代化打下良好基础，也为学校校园文化建设进一步提升创造了条件。

学校始终提倡把普通话作为校园语言，提倡使用礼貌用语，不说脏话、粗话；公用文字规范化，学校公文、标牌、墙报等校园文字使用规范化。现在校园洋溢着浓郁的文化气息，走进学校，让人沁心润景：碧草映翠、绿树成荫、鲜花满目；文化橱窗令人流连，书画长廊丹青竞秀；艺术殿堂激励少年壮志凌云；教室里书声琅琅，校园内生机勃勃，处处洋溢着快乐、和谐、文明、尚美的精神风貌。

校园优雅、宁静，使学生摆脱了外界躁动的侵扰，净化了心灵，同时，在美的感召下，激发了学生内在积极的人生追求。

三、建立健全各种规章制度，让校园文化有章可循

合校后，学校先后制定了《教职工考勤制度》《教职工考评办法》《班主任工作量化评估方案》等工作管理措施，并编印成近十三万字的《普东中学规章制度汇编》，从教师到学生，从课内到课外，从做人到育人均有章可循。结合学校实际，积极构建有效的内部管理模式，使师生管理环环相扣，相得益彰。从教职工的考勤、仪表言行，到日常工作、教研教改、课题研究，各项工作井然有序、有声有色。学生的纪律、学习、卫生、礼仪等方面得到规范，形成"自我养成—逐渐适应—习惯遵守"这一良性循环，师生校园文化生活健康发展，校园内"事事有人管、人人有事干"，形成了讲文明、扬正气的生活作风，严谨、务实、开拓的教学作风，勤奋、科学、创新的学习作风。师生展现出奋发、向上，文明、尚美的精神风貌。

四、搭建富有文化底蕴的校园生活，让学生沐浴文化熏陶

丰富的校园文化生活是学生成长和锻炼的丰饶土壤，让校园生活富有文化底蕴是校园文化建设的重要内容。为造就具有"忠、孝、诚、信、礼、义、廉、耻"等"新八德"精神品质的社会有用之才，我校积极为学生成长发展提供文化沃土。

提倡让学生"多方位、多形式、多渠道"参与学校活动。学校经常组织诵读、演讲等比赛，以及相关征文、手抄报、黑板报比赛等形式多样的活动，使学生真正经历"参与—体验—感悟—发展—养成"的成人、成才之路。

广泛开展丰富多彩的文体活动，创建阳光校园。学校按照国家课程标准，开齐、上足体育卫生和健康课程，积极营造学校良好的体育卫生工作氛围。关心每一个学生的健康成长，全面落实体育大课间活动要求，严格大课间集体体育活动监督检查，保证学生每天至少有一小时体育活动时间。

完善体育竞赛制度，积极开展丰富多彩的体育活动。学校每年春季举办一次综合性运动会，每年坚持办好体育节，因地制宜地定期开展以班级为单位的体育活动和竞赛，如广播操比赛、冬季长跑赛、拔河比赛、篮球比赛、跳绳比赛、踢毽子比赛、校园集体舞比赛，做到人人有体育项目、班班有体育活动。

鼓励学生走向操场、走进大自然、走到阳光下，形成热爱体育、崇尚运动、健康向上的浓厚氛围。

广泛开展体育兴趣活动，创新课余训练机制。我校将每天下午最后一节课定为自主活动课，各级部充分利用这一时间广泛开展体育兴趣活动，如长跑、短跨、跳跃、投掷，拓展体育教育空间，同时积极拓展多种项目的体育课余训练，创新优秀体育竞技人才培养机制。

学校长期坚持以学生发展为本，着眼于提高学生的综合素质，发展学生的个性特长和能力。天道酬勤，人道酬诚，经过不懈努力，我校在体育工作上取得的丰硕成果有目共睹。

积极开展文艺兴趣活动，活跃学生文化生活。坚持抓好文学社、朗诵艺术社等社团活动以及书法、绘画、舞蹈、合唱、器乐等兴趣活动，办好一年一度的校园艺术节和各类文艺比赛，提高了学生兴趣，活跃了校园文化氛围，丰富了学生的课余文化生活；连续多年在中小学生艺术节书画、合唱、舞蹈比赛和规范汉字书写比赛中取得佳绩；2012年参与即墨市"十二五"规划课题"学生社团的德育价值研究"的研究和探讨；2015年，"语之韵"朗诵社作为即墨市唯一一所农村中学的学生社团组织，入选青岛市第三届中学生社团文化节"十佳明星社团"，受到上级教育主管部门的高度认可。

五、打造文化的特色与品位，铸造文化建设的灵魂

我校校园文化建设的至高理念是：不仅让校园有文化，而且要让校园文化"动"起来。因此学校一直积极倡导"诚信、责任、合作、创新"的校风，"敬业乐业、严谨笃学"的教风，"爱学乐学、合作探究"的学风，将"为学生的终身发展服务"落实到教育教学工作的每个细节之中，从而最大限度地彰显出一所农村中学的办学特色与品位。

春风化雨，润物无声。现在普东中学的校园里，文化项目齐全，内容丰富多彩，充分体现了普东中学丰富的文化内涵和鲜明的教育特色：校园环境优雅、和谐、统一，文化氛围浓厚，办学理念独特新颖，管理模式民主规范，全体师生思想统一、团结进取。在今后的工作中，我校将继续秉承"崇德明理、博学笃行"这一校园文化理念，在各项工作中创造更加辉煌的业绩。

发挥环境育人作用　让田园式学校成为学生的成长乐园

青岛市即墨区刘家庄海尔希望小学　王集建

如今农村小学的学生虽然生活在农村，却大都缺失对农村生活的真实体验。他们中的许多人不知劳动的甘苦，不知道怎么种麦，不知道怎样种花，并且劳动观念极其淡薄。新农村建设是一项系统工程，更是长期的战略任务，需要一大批有思想、有知识、有技术、懂管理的高素质劳动者服务于农村。农村学校是为新农村建设提供人才资源的重要基地，学校要切实端正办学指导思想，科学定位培养目标，加强学生热爱家乡的教育，真正让学生树立起为家乡服务的理念，提高学生爱农、为农和务农的实际本领。因此，农村学校要充分利用自己的优势，发挥环境育人的作用，加强学生的劳动实践教育。

一、精心组织，内容丰富

1. 开辟基地，分班管理

2008年我校新校建成，从2009年春开始，学校充分利用校园面积大、水利条件好（有水井）的优势，经校委会研究，决定开垦2亩种植园、3亩蔬菜园和1亩花树园，从3年级到6年级划块分给各班种植管理。根据不同年级段学生的特点，学校分别制定了不同的目标，在管理过程中把各科教学和劳动实践有机结合，每学期让学生完整地经历一个活动主题，有比较详细的活动记录、活动报告、研究成果。如选择大白菜作为研究课题，学生要经历整地、品种选择与播种、间苗与定苗、肥水管理、病虫防治和适时采收全过程。

2. 学习技能，陶冶情操

从种植蔬菜的选种、种植、管理到收获，在老师的指导下，中队长全程负责，这样增强了学生的自主意识及主人翁意识，让学生体验了劳动的艰辛、丰收的喜悦，理解了"锄禾日当午，汗滴禾下土"的深刻寓意，体会到父母每天务农的不容易，激发了学生孝敬父母的道德情感。在老师的带领下，学生通过播种、施肥、除虫等环节，掌握了书本上学不到的劳动技能。同时学生将劳动实践与语文学习密切结合，写下了大量日记、心得体会，使语文教学回归到生活中去，培养了学生动手操作能力、动脑思考的习惯和吃苦耐劳的生活作风，使学生真正热爱生活、热爱大自然。

3. 巧手制作，展示自我

学校还利用现有资源，成立了适合学生发展的兴趣小组，如美术兴趣小组，学生利用饱含丰收喜悦的豆子、花生粘贴成一幅幅美丽的图案。一个个纯朴、自然、和谐的兴趣小组，为学生提供了展示自我的平台。

4. 走出校园，拓宽视野

学校腾出时间和空间把学生带进农村"大课堂"去体验生活，组织开展研究性学习。学校把周边大棚基地作为劳动实践基地，三、四年级学生在老师的带领下学习如何种植黄瓜；五年级学生学习一些有技术含量的技能，比如黄瓜的嫁接；六年级学生通过自己到校外调查黄瓜的亩产值、年销售量、黄瓜的用途等资料，将自己对黄瓜的喜爱用语言、文字、图画表达出来，在校广播站中朗读或张贴到学校的宣传栏上。这些有助于学生终身发展的实践活动增强了学生的社会责任感，提高了学生的本领。

5. 编写教材，拓展空间

学校围绕人才培养目标和开展一系列活动的实际经验，编写了以"学习农村科技知识""体验农村生活""了解新农村建设"为主要内容的校本教材，并将种植、环保等农村科技知识渗透于教材内容。多种探究性、社会参与性和操作性实践学习活动，拓展了课堂教学的空间，改变了学生不合理的学习和生活方式，把学生的探究发现、大胆质疑、调查研究、合作交流、社区服务以及劳动和技术实践作为重要的发展性教育内容，建立并提升学生对本土文化的自信。

二、形成特色，成果喜人

通过这一系列的活动，学生动手操作、全过程参与，指导教师加以适宜的点拨，学生在各个方面都展现出了崭新的面貌：劳动观念增强了，思想觉悟提高了，乱花钱的现象基本消除，餐厅中不挑食、不浪费饭菜的现象蔚然成风。全校学生的精神面貌发生了巨大的变化，学校洋溢着一种真、善、美的纯朴氛围。我校开展劳动实践活动已经初步形成特色，受到了上级领导的认可和好评。

学生的实践活动还带来了意想不到的好处，2010年，市"热饭工程"在我校试点。学校种的大白菜和土豆基本上解决了学生吃菜的问题，种的花生、大豆基本上解决了学生吃油的问题，学生享受到了劳动的快乐，家长也赞不绝口，《青岛日报》《青岛早报》等多家媒体都进行了报道。

三、知难而进、不断提升

当然，我们在实际操作过程中也发现了存在的问题，其中，在管理过程中，缺少细致的管理和分工；有时实践活动和活动报告存在脱节；个别学生的家长不理解，他们认为生在农村的孩子哪有不会种地的，极个别家长甚至心疼孩子参加劳动。

天高任鸟飞，海阔凭鱼跃。今后学校要以教育教学为中心，以学生为本，让田园式学校成为学生成长的乐园，引导学生认识田园、体验田园、热爱田园、创造田园、心向田园，努力走出一条有农村特色的教育之路。

精创有恒　润物无声

——"润"文化建设的创新与实践

青岛市城阳区职业教育中心学校　安　华

青岛市城阳区职业教育中心学校是一所拥有4000余名学生、400余名教师的中等职业学校，1995年建校，2001年与青岛广播电视大学城阳分校合并。学校集全日制中专与成人学历教育于一体，形成三年制中等职业教育与"三二连读"以及五年一贯制教育多元发展的办学格局。2000年，学校进入国家级重点中等职业学校行列，2014年成为首批国家中等职业学校改革发展示范学校。近期，学校又被确定为山东省示范性中等职业学校立项建设学校，示范引领作用向全省、全国辐射。

2014年，国务院出台《关于加快发展现代职业教育的决定》，为职业教育的发展带来了前所未有的大好发展机遇。在构建现代职业教育体系过程中，职业学校面临优胜劣汰的形势也在日益加剧。要使学校在今后的激烈竞争中立于不败之地，寻求更快、更好的发展，就必须走文化强校之路，通过文化建设与文化管理整合内部资源，挖掘内在潜力，增加内涵厚度，提升学校的核心竞争力。为此，学校加强了文化建设的创新力度和实践高度，形成了以"润"文化为核心的管理理念、管理文化。

一、学校文化建设与管理工作过程

（一）丰富精神文化内涵，培育学校共同价值观

精神文化是学校文化的灵魂，主要包括学校历史传统和被全体师生认同的主流价值观念、办学思想、学校精神等意识形态。精神文化的建设需要经过提

炼和培育两个阶段。精神文化的提炼是学校文化管理的瓶颈，突破这一瓶颈，文化管理便会上升到学校价值观的培育层面。

1. 提炼学校精神文化

学校根据文化具有传承性和发展性的特点，着力从以下三个方面提炼精神文化。

吸纳"以人为本"的文化精髓，确定办学理念。学校经过几年的办学实践，提出了"以学生为主体，以就业为导向，以技能为本位，以育人为根本"的办学理念，先进的办学思想和崭新的管理、教育、教学理念，已落地生根，开花结果，成为学校精神文化的重要组成部分。

凝练"精创有恒、润物无声"的学校精神，实现发展目标。多年来，全体师生以敢为人先的勇气、精益求精的治学精神、精诚合作的工作作风、精致精心的治校方略、精湛精进的技艺传授，凝心聚力，干事创业，全面实现了三个五年发展规划目标和第一个三年发展规划目标，第二个三年发展规划正在实施中，以办学规模大，师资力量强，育人质量高的优势，打造出立足当地，辐射周边，起骨干示范作用的教育品牌，这是全体师生"精创有恒、润物无声"精神的集中体现。

提炼学校共同价值观，办让人民满意的职业教育。按照文化管理的思路，学校确立了核心理念——"润"。"润"体现的是雨的品质、水的情怀，是一种利万物而不争的境界，一种无私奉献的情怀，一种细致入微、因势利导、潜移默化的行动。以"润"为核心理念，与教育淡泊致远、大爱化人的精神相契合，体现了学校"以文润人，泽被社会"的崇高价值取向，文化理念获得了社会的广泛认同。

2. 培育学校共同价值观

学校在共同价值观的培育方面进行了积极探索，建立了培育共同价值观的有效途径，为文化管理的实施打开了通道，把价值观的培育与加强师生思想教育结合起来。建立了"四个一"制度，将学校的价值观内化为全体师生的思想观念，即每周一利用早升旗仪式时间进行价值观宣讲，每月在教职工会议上进行思想总结，每季举办文化管理论坛，每学期评选行为标准和观念标准的典型。

把价值观的培育与创建学习型组织结合起来。积极开展学习型教师培养活动，建立了教职工定期学习制度、科研工作制度和校本培训制度，使教师通过学习，改变心智模式，提升专业素质，从而激发工作热情，提高工作质量。

把价值观的培育与校园文化活动结合起来。学校充分发挥学生社团的作用，通过丰富多彩的活动开阔学生视野，丰富知识，陶冶情操，提高素质。学校每年举办体育节、艺术节和由企业冠名的校园技能大赛，让师生在参与各项活动中接受学校文化理念的浸润。

（二）构建制度文化体系，提升学校管理水平

制度文化作为学校文化的内在机制，是维系学校正常秩序必不可少的保障机制，是学校文化管理的保障系统。学校建立的制度，既要强化对师生个体的规范，又要固化师生群体的价值取向，即文化与管理融合，促进师生行为文化的形成，推动学校管理水平的不断提升。

1.创新内部管理体制，激发教师工作活力

近年来，学校积极推进用人机制改革，实施了全员聘任制度。每学年依据《教职工聘任管理规定》进行教职工竞争上岗和岗位聘任，教师队伍结构更加合理，教育教学质量显著提高。实行专业部管理，在教育教学上根据《专业部考核评估方案》指导和考量专业部工作，教师的工作热情和学生的学习积极性得到了充分发挥。

2.完善管理制度体系，形成师生行为文化

学校根据文化管理"关注人、激励人、发展人"的要求，不断修订和完善各项管理制度，建立健全了德育管理规范、教学管理规范和教职工管理规范，形成了涵盖学校全部工作的制度体系。学校建立了持续改进教学质量诊断审核机制，提高了学校科学化、规范化管理水平。人人遵守规章制度、人人按照制度办事的良好风气蔚然形成。

3.建立有效激励机制，实现学校价值引领

建立有效的激励机制，采取有力的激励手段是学校文化管理的重要方法。在精神激励方面，为教师设"师德标兵""优秀教师""教学能手""学科带头人""骨干教师""星级班主任"等称号；为学生设立了"三好学生""十佳中学生""诚信之星""礼仪之星"等称号。在物质激励方面，为学生设奖学金；教师按称号定津贴，按工作量定报酬，按贡献定奖励，让"多劳多得、优劳厚

酬"落到实处。

（三）创新人才培养模式，实现校企文化共融

职业教育的主要任务是培养企业需求的技能型人才。为使人才具备的素质、技能与现代企业对人才的需求相适应，学校重视在校园文化建设中吸收优秀企业文化，借助企业文化的内涵全面实施校园文化建设，全力打造企业化的文化氛围，彰显职业学校文化特征。

1.企业文化渗入教学环节，学生在仿真环境中学习真知

企业文化渗透教学环节首先体现在专业教学中。学校将专业理论、技能训练与企业生产过程、产品研发、企业生产管理的需求相联系，提高学生的学习兴趣和教学的针对性。实训车间积极吸收企业文化精华，在实训管理和项目教学中积极融入企业文化管理理念，如团队合作意识、"5S"工厂管理新方略以及刚柔并济式管理模式，实训场所布局以及教学过程无不渗透企业文化气息。学校制定了"高一到企业观摩、高二进企业见习、高三留企业顶岗"的人才培养制度。在学生到企业见习的同时，专业教师到企业挂职，学校还聘请能工巧匠、技术专家到学校兼职，根据企业的人才需求修订、优化人才培养方案，使人才培养目标更有针对性。

2.企业文化植入校园环境，学生在潜移默化中接受熏陶

学校建有"合作企业文化展室"和企业文化宣传展牌，每年举行知名企业冠名班签约仪式。企业领导对未来的员工进行企业文化宣讲，举办由企业冠名的校园技能大赛，由企业赞助提供比赛设备和耗材，并给技能优胜者发奖，为优秀学生推荐优质岗位等。学校通过电视台、报纸、网络等媒体以及宣传栏、宣传片等形式，从不同角度大力宣传企业文化，让学生在潜移默化中逐渐产生对企业的认同感和归属感；学校办公楼、教学场所布置（比如冠名班教室布置遵照企业标志性识别系统）等规范设计，同时，要求学生着工装进实训车间上课，处处彰显职业特色、行业特点，有效发挥了企业文化的育人作用。

二、主要成效

（一）建立了适合学校实际的文化体系

学校确立了"以建设学校文化为主线，以实施文化管理为重点"的工作思

路，将根据社会主义核心价值体系的要求，把全校师生真抓实干、开拓创新、精益求精的优秀品质凝练为"精创有恒、润物无声"的学校精神，形成了包括办学理念、学校精神、校训校风、师生价值观在内的价值体系，丰富了学校文化的内涵，增强了师生的责任感和使命感。

（二）完善了提高育人质量的保障体系

学校把提高教育教学质量作为办人民满意学校的核心工作，定为学校生存和发展的永恒主题，建立了德育质量保障体系和教学质量保障体系，创新了感悟式道德教育模式，不断满足学生、家长、社会对优质教育的需求。学校被评为"全国中职德育工作先进集体"，"润德立人"被评为青岛市首批中职德育品牌，学校德育工作经验多次在国家、省、市会议交流或报刊发表。学科教学成绩一直处于青岛市领先地位，专业技能达级合格率达95％以上，春季高考本科达线人数连续9年居青岛市第一。学生参加技能竞赛，400多人次获市级以上奖励，其中在全国职业院校技能大赛中获得18金12银5铜的优异成绩。

（三）形成了持续改进与提高的管理机制

学校建立了"科学决策—有效实施—迅速反馈—持续改进"的管理运行机制，使各项管理进入受控、有效和持续改进与提高的状态。学校每学期工作计划确定后，迅速将工作计划内容转换成工作目标，并将目标分解到各处室，细化到责任人。每学期举办师生座谈会、家长会、校企联合办学恳谈会，广泛收集学生、家长、企业对学校管理的意见和建议，保证了问题的及时发现和迅速解决。

（四）构建了适应企业需求的人才培养模式

邀请知名企业高管人员和技术负责人员参加专业教学指导委员会，参与指导专业建设和教学改革，疏通学生顶岗实习渠道，促进了人才培养模式的不断完善。"订单教育"、企业冠名设班等人才培养模式，不仅提高了学生实践能力，更为学生顺利实现就业奠定了基础。学校以对学生和用工单位高度负责的态度和热情周到的服务，赢得了家长和企业的信任，家长对学校的满意度和企业对学生的满意度均达95％以上。

三、体会与思考

校园文化是学校生存和发展的血脉，是构成学校办学实力、活力和竞争力的重要因素之一。校园文化建设是中等职业学校的一项基础性、战略性和前瞻性的工作，不仅需增加技能类范例要素，还应融入地方人文文化传承的元素，使之彰显技能与区域特色。一所中等职业学校只有做到以职业教育理论为根，以职业教育实践需求为脉，才能真正发挥出环境育人的功效。

弘扬儒道传统文化　营造师生共有的精神家园

青岛西海岸新区理务关初级中学　仲济凯

千百年来，"仁者爱人""诚信待人""以和为贵""仁义礼智信忠孝"等中华民族的传统价值观，为优化个人德行、改良社会风气，为中华民族生生不息、发展壮大提供了丰厚滋养。弘扬儒道传统文化，对于打造积极的学校文化有着重要的价值。

一、以"仁"之道，建立校园道德环境

"仁者爱人、推己及人。"自己有利他的愿望，就应该设身处地，想到别人也有同样的愿望；自己所不愿遭受的不幸，就应该想到别人也不想遭受同样的事情，不要把它强加给别人。

"泛而众，而亲仁。"在学校，教师应该把对父母、对子女的亲情之爱，步步推广出去，爱学生，唤醒学生的爱，不因学生成绩好坏而改变，不因学生的长相而转移，不因学生不同的家庭背景而偏颇，不因与学生私人关系的亲疏而增减，应爱天下所有的人、爱生活、爱工作，感受生活的美好，从而达到"万物一体之仁"的最高人生境界，达到"泛而众"的理想目标。

"己所不欲，勿施于人。""己欲立而立人，己欲达而达人。"如果管理者高高在上、自以为是，那么必然会失去员工的支持；如果管理者多有仁爱之心，在学校管理中尊重人、体谅人，尊重别人如同尊重自己，关心别人如同关心自己，多站在师生员工的角度考虑问题，满足其正当要求，解决其实际的困难，发挥其积极性和创造性，就会在校园内部形成亲善、团结、和谐的氛围。

二、以"和"之道，建立学校和谐关系

中国人尚"和"。"和"是和风细雨、和颜悦色、心平气和、政通人和、和平、和睦、和谐……"和"是一种凝聚力、向心力，是一种境界，渗透着中华民族的哲学智慧。

以"和"之道打造"学校人"（教师、学生、家长、社区）的和谐关系，在于以和为真，以和为善，以和为美，以和为贵，和睦相处，和谐发展，建立教师、学生、家长、社区之间的和谐关系，共创和谐校园；在于"学校人"把和谐的师生关系，作为教育的美好境界来追求；在于教师的师德修养和专业发展同步提升，和谐发展，不可或缺；在于学生德、智、体、美、劳全面发展，张扬个性，培育特长，不可偏废；在于学校的教育教学、后勤服务、办学条件等各方面的工作与时俱进、均衡发展、科学迈进。

一个学校内部和谐融洽，对外和谐相处，就能和气致祥、和气生"才"。

三、以"诚"之道，建立校园诚信体系

"千教万教教人求真。""诚者，天之道也，思诚者，人之道也。""诚"是为人处世应有的品质和立身之本，也是一个集体、民族、国家的强盛生存之基。孔子言"人而无信，不知其可"，诚信的人，才能善待父母，善待朋友，进而维护更高层次的社会关系。

诚信的品质如同沙漠中的泉水、黑暗中的灯火，弥足珍贵。这一品质应受之于童年，养成于少年。

建立诚信做人、诚心做事、诚心相待、求真务实的校园诚信体系。学校要坚持从严治学的教风和学风，同事之间真诚交流、密切合作、共同发展；师生之间平等相处、心灵沟通、真情交融；学生之间励志博学、求做真知、学做真人。

四、以"义"之道，建立学校"绿色质量"观

学校靠质量生存。但质量也有眼前、长远和个体、整体之分。学校只有取长远、整体，追求可持续的"绿色质量"，才能推动教育事业发展。

以"义"之道建立"绿色质量"观，要"见义思利"，而不能"见利忘

义"。当"义、利"发生矛盾时，不能为了个体而不顾整体。如果把升学率作为学校唯一的追求目标，甚至不择手段地加班加点、弄虚作假，而不顾全体、全面发展，就是"见利忘义"的纯"应试教育"，就不是和谐的可持续发展，就不是对学生、对国家、对民族未来负责的"绿色质量"观。

学校必须树立正确的课程观、教学观、质量观、评价观、成绩观，为每一位学生的终身发展奠基，要确信"每个学生都具有多种智能，只是其组合和发挥程度不同"，尊重其身心发展规律，承认其差异性，挖掘其主动性，树立多样化人才观念，坚持育人为本，尊重、关爱、相信、发展每一个学生，鼓励个性发展，关注全面发展、持续发展和健康成长，为每个学生的终身发展提供充足的营养和动力，唤醒学生的生命活力，让每一个学生的生命都精彩。

五、以"乐"之道，建立乐教乐学精神

"知之者不如好之者，好之者不如乐之者。"教师乐教，是一种高超的教学技能和职业境界，能使教师乃至学校形成一个强大的磁场，对学生产生强大的吸引力、亲和力、凝聚力，提高教育教学效果。学生从内心深处喜欢、乐于学习，把学习作为自己终身的追求和快乐，在学习中体验成功的乐趣，可以极大地增强其主动学习、自觉学习的积极性，促进学生健康成长和发展。

"乐教、乐学"体现了师与生、教与学的最佳关系。乐教是乐学的基础和必要条件，乐学是乐教的最佳效果。

以"乐"之道建立校园的乐教、乐学精神。教师要以教为乐，在乐中教、教中乐，享受教育的幸福；学生要以学为乐，在乐中学、学中乐，享受幸福的教育；学校要成为学生探索求知的学园、生动活泼的乐园、放飞心灵的家园，成为社会满意、家长乐道的"圣地"。

打造师生共有的精神家园，让师生在共同成长的过程中幸福并快乐着，这是教育的真谛，也是教育的追求。一个有教育责任感的教育工作者，决不能把不合理的存在看作应然，而应理性而客观地予以分析，探索适合时代要求的传承之路。

愿我们的学校传统教育，能够为社会主义精神文明建设勾画出一道亮丽的风景线！

课程

　　校长课程领导力，是以校长为领导核心，以教师团队为主体，以学生、教师、学校为认识、研究、实践、评价的对象，通过课程研究、课程开发、课程实施、课程评价等活动达到教师发展、学生进步、学校创新目的的校长专业能力。校长是课程领导力的领军人物，要对课程有系统的思考、整体的把握。作为有志有为的校长，在时代飞速发展的今天，面对新课改的大形势，要不断提高自己对课程领导力的认识与实践、落实与提升，以引领学校的发展与进步。

　　养正课程、传统文化课程、"yue·动之星"多元评价课程、"乐·创"课程、风雅课程、创生课程、长短时课程的研究、"三六三"教学模式下的教材整合、"启·元"课程等，从不同的层面展现着校长们在推动国家、地方、学校三级课程的融合与实施方面做出的努力与探索。

养正课程迭代升级　为每一个孩子高质量发展奠基

青岛市崂山区南宅小学　吕思福

一、养正文化

学校秉持"养正立人，温度故事"的办学理念，不断优化校园环境，整合课程资源，优化课程结构，打造多样化的学习空间，通过"以体养正强体魄，以德养正育人格，以行养正重创新，以知养正明智慧，以雅养正有品位"的路径，实现培养"七素养正少年"育人目标，形成南宅小学特有的养正育人文化。

二、"养正课程"升级建设

1.课程理念

"养正文化"着眼于德、智、体、美、劳五个方面。我们在以前"正德、正智、正体、正新、正情"的基础上，重新设置了"德正""知正""体正""雅正"和"行正"五个板块的课程，"德正育人格、知正明智慧、体正强体魄、雅正有品位、行正重创新"。五类课程有机地融合了国家课程和校本课程，形成南宅小学独有的课程体系，最终指向身心健康、习惯良好、责任担当、学业优良、兴趣广泛、知书达理、志向远大的学生综合七素养培养目标。

2.课程体系

该课程体系直指育人目标。我们用"正"字的五笔，代表五类课程："德正课程"（以德养正，育人格，是灵魂），"知正课程"（以知养正，明智慧，是条件），"体正课程"（以体养正，强体魄，是基础），"雅正课程"（以雅养正，有品位，是目标），"行正课程"（以行养正，重创新，是关键）。

三、养正教育"鼎正"规划示意图

雕塑上部为"正"字，以方正象征正气。在"正"字上设计"养正课程"规划示意图（图7），着眼发展学生的核心素养。我们从德、智、体、美、劳等五个方面，设置了五个板块的课程。结合下部的金属支撑架，外观造型衍变成"鼎"字，代表信誉、名望。底座设计成方圆结构，寓意"无规矩不成方圆"，代表规则。整个雕塑充分体现了校训"正德博学 向美而行"、校风"干净、有序、读书、创新"的"养正立人 温度故事"正文化内涵。

图7 养正教育"鼎正"规划示意图

四、"养正"课程具体示意图

基础性课程（从课程到课堂）注重养正表达（图8）。语文学科紧抓"识读写讲演"成长五件套；数学学科紧扣"小先生"自主式课堂；英语学科创建"三读演悟"模式建构。

拓展性课程（从课程到社团）满足学生个性化需求。开发出创意手工、名著欣赏、艺体等十余门课程。

品牌课程（从课程到特色）注重特色提升，有京剧、快板、书法、篮球、跳绳等课程。

图8 课程规划示意图

围绕基础课程、拓展课程、品牌课程，开展丰富多彩的节日课程。

体正课程：天天养正运动会、快乐篮球、足球、花样跳绳、田径等。

德正课程：设置养正八礼三仪、一二三八德育活动、论语、弟子规、班队会课等。

行正课程："六个一"主题课、四园联动课程、校园义工岗、校长助理、小交警等。

知正课程：设置思维导图入门、小先生、学科成长五件套、演讲比赛、阅读表达、学习小组、互助同位……

雅正课程：设置快板课程、京剧课程、情景剧课程、书法课程、纸趣等。

五、四季养正、五育并举课程

学校围绕"季主旨、月主题"建设活动课程，构建"春种、夏长、秋收、冬藏"劳动规律的二十四节气劳动课程（图9）。

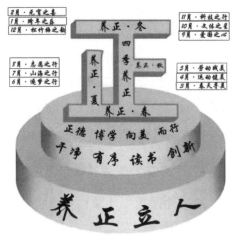

图9　课程图谱

"养正·春"以品行端正为起始点，引导学生发现美：3月"春天寻美"、4月"运动健美"、5月"劳动践美"。

"养正·夏"以身心健康为基本点，引导学生实践美：6月"逐梦之行"、7月"山海之行"、8月"志愿之行"。

"养正·秋"以好学善思为实践点，引导学生感受美：9月"爱国之心"、10月"文体之星"、11月"科技之行"。

"养正·冬"以实践创新为凝聚点，引导学生创造美：12月"松竹梅之韵"、1月"跨年之乐"、2月"元宵之喜"。

六、课程实施

从空间方面入手，我们也做了四个方面的探索与尝试。一是开发二十四节气综合活动课程，二是设立"六个一"研学主题课程，三是强化劳动教育，四是拓展丰富课程。

1.二十四节气综合活动课程，让"空间"超越边界

华东师范大学终身教授叶澜先生曾说过"教天地人事，育生命自觉"，并提出二十四节气综合活动课程。我们结合实际，开发学校二十四节气综合活动课程，以二十四节气为主线贯穿学校活动课程。它指的是打破教室、学校边界

的活动学习，包含田园劳动、研学旅行、二十四节气主题活动等。它对应自然，将自然界的春生、夏长、秋收、冬藏与孩子的生命成长紧紧结合在一起，拓展学习场域，突出以实践为主。

顾明远先生说"学生成长在活动中"。活动会让学习的空间多元化，童年是属于大自然的，大自然是孩子成长的教师。

2. "六个一"研学主题课程，让"空间"见证成长

以世界为课堂，引山水入胸膛。几年来，我们一直在坚持做独具特点的学生研学主题课程，将其纳入我们正常的教学时间中，而非节假日时间。

"六个一"为一年级寻访一物件、二年级蹚过一片海、三年级穿过一条谷、四年级经过一种爱、五年级访过一座城、六年级翻过一座山。当然，研学课程远远不止这些，"六个一"是孩子六年成长鲜明的符号和记号。

我们学校学生的六年级毕业证书是我在山上给他们颁发的，小学六年级毕业了，也相当于翻过一座小山，重新开启新的生活。

3. "四园联动"劳动教育，让"空间"融通五育

校园、田园、家园、社园的场域构建，让我们的劳动教育在真情实景中真心实意地真抓实干，用劳动教育来推动五育融合，促进学生全面发展。

4. 拓展丰富课程

通过丰富多彩的社团活动、主题鲜明的体验活动、研学旅行活动、职业体验活动、场馆学习活动等，培养学生自主规划、自主管理、自主实践、自主服务的能力，提升学生的综合素养。

"养正教育"课程建设，要求学校提高认识、加强领导、创新理念、强化管理，创设具有鲜明主题的教学环境，形成特有的文化品位，建设具有创新特征的课堂教学新模式，培养学生具有鲜明个性和独特的思辨能力。每一项工作都需要学校加大领导力度，创新管理手段，加强协作团结，不断总结反思，探索最佳方案。

课程建设必将推动学校工作的有序开展和有效运行，成为学校工作开展的原动力，促进学校科学发展、可持续发展，并为兄弟学校提供借鉴。在实践中，学校不断积淀、丰富和张扬特色文化，形成鲜明的校园养正教育风格，为自身的进一步发展开拓了广阔的空间。

学生核心素养视域下以中华文化为引领的学校课程实施路径探究

青岛包头路小学　贾佩玉

　　课程，是学校的育人载体，是学校育人观的整体体现，更是创建学校特色、提升教师专业素养、培养学生核心素养的平台。让课程成为学生快乐学习的理由，让学生在课程中得以滋养成长，这是学校课程构建的初衷，也是包头路小学"尚善五维"学校课程建构的意义所在。

　　学校结合老子的"上善若水"，倾力打造"尚善五维"课程体系，把传统文化教育作为学校课程体系"五维"的主要组成部分，使其与国家课程相互呼应，形成合力，增进学生对中华优秀传统文化的感情，以国学为基、校本为本，形成文化认同，进行文化反思，促进学生核心素养的形成。

一、校园环境，境亦有情

　　学校以"厚德尚善"文化为主题，以凸显国学传统文化特色为抓手，精心打造特色文化校园。学校因地设景，绿树、假山、小小生物园点缀其中，校园一侧的"尚善润德"墙，给孩子美好的憧憬；教学楼一楼大厅的"厚德"墙告诉我们"尚善、求真、德美"的人生真谛，开放自助式"书语芳菲苑""书林漫步"读书长廊及每个教室内的"心灵书吧"，让读书随时成为学生的精神享受；从二楼漫步到五楼，可以看到分别以"风、雅、颂、善"（即民族教育"风"、高"雅"艺术美、国学经典"颂"、尚"善"求真）为主题的四条特色教育长廊贯通，打造了和乐的"廊文化"氛围。各班门前张贴的社团、班级愿景，班级全家福和教室墙上张贴的师生共同制定的班级公约，培养学生热爱集体的朴实情怀；"最美教室"文化墙及门口的"乐学善思，绽放成长笑脸"展示学生在课程和实践体验中的成果。

二、校本课程，雅言生香

传承中华优秀传统文化是建构学生核心素养框架的"根"与"魂"。我国学生核心素养框架需要体现中华民族的核心精神追求，传承中华民族的根本精神基因。以此为着眼点，学校对学校课程进行了专项研究与开发，使每一门课程都能够围绕传统文化，雅言生香。

学校在"尚善五维"教学模式的引领下，构建以传承中华优秀传统文化为核心，以"尚善水""尚善田""尚善景""尚善韵"为功能区，建立了"一核四区"课程模型。"水"有延续之意，通过读经典、看海洋文化、思蓝色发展，学校把传统与现代结合起来，开设读四书五经做尚善少年、悠悠中华五千年、汉字的故事、蓝色家园海洋教育等课程。"田"有泥土之息，学校通过"种植""采摘""养殖"等活动来培养学生的操作实践和探究能力。"景"有时尚之美，学校通过写、画、拍等活动来培养学生的审美观念和创作能力，多彩年画、灵动剪纸、邮票中的山水风光、乐活古诗、翰墨飘香等课程就是很好的体现。"韵"有高雅之味，学校通过"听乡音""唱民曲""演童剧"等活动来培养孩子的高雅情操和合作能力。同时，"尚礼腾龙"武术课程、"金晴神力"射箭课程使学生外在气质更加阳光、健康，"奇思妙想"小牛顿课程、魔方、围棋等课程培养了孩子们浓厚持久的科学探索兴趣和逻辑严谨的科学探究能力，"Happy ABC"外教课和"Drama"戏剧社团使学生拥有国际眼光和视野。丰富多彩的学校课程发展学生的个性，发掘学生的潜能，贯通德、智、体、美、劳五育，努力提升学生核心素养。

三、博学优能，滋养成长

1. 全员阅读强素养

学校作为青岛市首批书香校园，以"乐学善思，止于至善"为核心，以国学文化为特色，积极实施全员阅读的良好读书氛围。通过课堂提效、阅读实践、绿色评价等渠道，构筑起促进师生可持续发展的育人生态。学校不仅让学生坚持每周二国学经典晨诵、每日午间习字，还给一到六年级分别精心编制

"心沐书香"阅读记录册，内容包括：每周规定古诗背诵篇目和数量，每月阅读必读类及选读类书籍的时间、书名、作者、优美词句摘录、主要内容、收获与感想等。通过"阅读闯关卡""品读经典、点亮智慧"读书记录和"一撇一捺悟文化，一笔一画冶情操"书法展示，积极进行阅读留痕，让家长、老师、学生参与评价。通过定期检查和交流"阅读记录册"，了解学生拓展阅读的执行情况，并督促学生完成定量定性的阅读任务，养成习惯，锻炼了拓展阅读意志。兴趣是最好的老师。因为喜爱，所以"读书卡"由简单的卡片变成一件件艺术品，上面有整齐漂亮的钢笔字，有大胆创新的图案设计，还有丰富的色彩搭配。学生在积累知识的同时，欣赏、设计能力也让我们大吃一惊，取得了一举两得的双赢效果。

学校建立教师良性读书机制，采取干部名师导读、团队合作共研与个人精读相结合的形式，引导教师全面、深入地进行阅读，通过对文本的深入理解并联系教学工作中的实际问题，将教师的"读书、反思、提高"落到实处。"阅读涵养人生"教师读书沙龙有不同的主题、不同的形式，但都指向了共同的目标，即书香的滋养、素养的提升。比如，以"陪伴"为主题，教师们用传统的旗袍带给我们视觉的冲击，用悦耳的声音给我们听觉的享受，以精美的PPT带我们直抵文字的深处与作者和朗读者精神交汇；以"情怀"为题，则分春秋战国的救世情怀、唐朝的隐逸情怀、宋代的淑士情怀、元代的西风情怀、明清的抗争情怀、家国情怀纵贯古今六个篇章。多样的题材、异样的演绎，不仅激发了教师们对诗文的兴趣、对读书的渴望，更提升了教师的文化水平，积淀了文化底蕴。

2. 七彩活动提素养

优秀的传统文化是中华民族最深厚的文化软实力和生命力。学校以国学经典为特色，丰富校内文化和新媒体阵地建设，每周二"经典晨诵"、每日"午间习字"、每逢传统节日的"春之韵"赛诗会、朗诵比赛、利用微信平台开展的"朗读者""诗帖"等活动，时时处处呈现"言语不凡诗为境，百般红紫斗芳菲"的良好文化氛围。学校每年隆重召开"悦善惠人，笃行致远"等主题的尚善文化节，生动铺展五大节日文化（体育节、科技节、读书节、艺术节、英语节）篇章多彩卷轴，给学生提供了彰显个性、展示自我的时空，满足学生差异化、多样化的发展。

3.创新评价展素养

《包小学生快乐成长记录册》《好习惯存折》是我校学生评价的有力抓手。我们把课程的多元评价与"我是包小美少年"的评选活动结合起来，制定并运行《"包小尚善美少年"班级和校级评价标准》，内容涵盖文明、清洁、学习、读书、健身、特长、社区实践等七个方面；制定并实行《言行美从我做起——包小学生一日行为规范》，让学生把礼仪规范熟记于心，做到心中有规范，行为要规范，为每位同学建立《好习惯存折》。《包小学生快乐学习成长记录册》记录学生在三级课程中的学习情况以及他们遵守校规、争当"包小尚善美少年"的经历，记下他们成长路上的足迹。如在经典诵读课上表现优异，爱好读书的学生就会被评为"读书美少年"；在区级篮球比赛获奖的学生就会被评为"体育美少年"；在多彩年画、诗情画意等课上表现优异的学生就会被评为"实践美少年"。在班级进行"特长美少年""读书美少年""体育美少年""礼仪美少年""实践美少年""清洁美少年""乐学美少年"评比的基础上，学年末，对百名学生进行"我是包小尚善美少年"表彰奖励。争当"美少年"活动极大地调动了学生上好学校课程、养成好习惯的主动性与积极性，是校园生活浓墨重彩的一笔。

与文化同行，细思慢品，必将汲取终身发展的营养；与时光做伴，求真至善，必将谱写最诗意的教育人生。走进课程改革深水区，在优化体系、深度融合的课程统整中，着力保障具有文化自信的学生未来成长生态是我们不懈的追求。

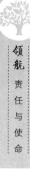

"yue·动之星"多元评价 引领学生全面发展

青岛市崂山区第三实验小学　王秋霞

　　一所学校的评价体系考量着学校的核心价值追求，引领着课程内容的不断变革与教学品质的持续提升，是教育教学环节中重要的组成部分。学校如何构建既匹配自身育人理念又符合时代发展要求的评价体系？不同的价值取向决定了不同的行为方式。作为一所近百年的老校，崂山区第三实验小学将"yue·动每一天"的教育思想与现代信息技术手段有机结合，在业已成熟的课程体系框架中，构建起"为了学生的当下和未来"的"yue·动之星"多元评价体系，致力于让学生自主、自然、自由地生长，成为"有爱心、会生活，有慧心、会学习，有童心、会创造"的"主动、健康发展的时代新人"。学校以"成长体验"为主线，确立学生立场，重心下移，关注学生生活及其成长的需要，把评价自己和他人、个体与群体的责任还给学生，使他们在实践、反思、评价和树立新的目标过程中发展集体、发展个性。

　　学校的"yue·动之星"多元评价体系是基于当前大数据背景下的学生综合素养的评价系统，多元化、多视角地关注学生，注重学生个性发展，通过个体数据科学分析来因材施教，从而全面提升学生的综合素养，培养学生成长为主动、健康发展的人。"yue·动之星"多元评价以促进学生全面发展为根本目的，采用多种途径，实现"四个改变"：改变评价主体、评价方法、评价内容、评价结果。具体而言，评价主体由学校教师单一主体改变成以学生评价、教师评价、家长评价、学生自评与互评为多元主体；评价方法由纸质和集中评价改变成以数字化、信息化和过程性评价为主；评价内容由以学业成绩为主改变成以道德与情操、科学与文化、审美与表现、运动与健康、实践与操作五个维度为主。为此，学校围绕学生的思想品德、身体素质、心理素质、艺术修养、学业成绩、专业技能和个性特长等方面，从"阅动·教学""愉悦·德育""跃动·体育""乐动·艺术""超越·自我""家校·合力"六个板块进行全过程、全方位的评价。

在"阅动·教学"板块，学校主要从学生的课堂表现、阅读考级、作业质量以及参加学校组织的教学活动等方面进行评价。学校每月举行阅读考级活动，包含报名参加、考级过关、积累卡入选学校库三项，学生每项达到要求就可获得1颗星。"愉悦·德育"板块通过德育主题活动培养学生学会学习、学会做人、学会合作、学会创新的能力，增强学生的爱国情感、感恩之心，提升学生自主学习能力等，评价主要从学生自主管理、德育活动以及少先队建设等进行。班级每周获得一次流动红旗勋章，全班每人加1颗星；遇到拾金不昧、好人好事、随手捡起垃圾等，也可以加星；学校红领巾志愿者学期末获得"十佳志愿者"称号，加3颗星等。有奖励就有惩戒，对学生违反学校规定的地方，我们以"小警钟"的方式进行记录，以便学生能够了解自己存在的问题并及时进行改正。"悦享·成长"板块则通过德育主题活动培养学生学会学习、学会做人、学会合作、学会创新，从学生自主管理、德育活动以及少先队建设等方面实施评价。"跃动·体育"则是对学生参与体育活动、体质健康监测等方面的评价，主要围绕课堂表现、社团训练、田径运动会、体质健康监测等方面进行，实现促进学生身心健康、体魄强健的最终目的。例如，每年的体质健康监测，学生参与就可以获得1颗星，达到良好等级奖励2颗星，达到优秀等级奖励4颗星。"乐动·艺术"主要是培养学生的艺术素养，关注学生的课堂表现、社团训练、艺术节比赛等方面。例如，学生积极参加舞蹈、器乐、合唱、书法、绘画等艺术社团训练，就可以获得1颗星。如果代表学校参加区市级比赛，按照获奖等次给学生奖励不同数量的星。在"超越·自我"板块，学校注重学生的自我提升以及创新能力的提高。例如，某同学在学校组织的单元或专题检测中较上一次有明显进步，就获得1颗星。另外，在学校组织的"校园吉尼斯"、体育艺术"2+1"、科技节等活动中，学生表现优异也可以获得不同数量的星。另外，学校和家庭缺失任何一方，教育都是不全面的，学生的心理发展也是不健全的。如果有一方面薄弱，教育会事倍功半。因此，我们的评价体系也包含家长对学生的评价，以月评的形式进行。"家校·合力"主要从生活习惯、学习习惯、文明礼仪等三方面对学生在家表现进行评价，例如学生在家整理房间、洗校服等就可以得到1颗星。

对于学生参与"yue·动之星"多元评价的结果，学校采用大数据的方式，通过雷达图等现代化信息化技术手段，科学合理地进行分析，让家长、教师都能够清楚地看到孩子的优势与不足，同时也使学生不断认识自我、发现自我、完善自我。在评价体系网络平台，教师、家长可利用手机评价体系客户端随时随地进行互动评价，及时反馈学生情况，形成良好的互动。同时，学校还利用微信公众号、学校网站等网络平台及时宣传学校工作，构建家校合力的桥梁。评价体系实施以来，学生在思想品德、身体素质、心理素质、艺术修养、学业成绩、专业技能和个性特长等方面取得了可喜的进步。例如，在行为规范等方面，路队行进、餐厅礼仪、课堂常规等都有了很大改观。另外，学校将学生每学期的成长数据进行保留，为每个孩子建立电子成长档案。每学期末，学校根据学生获得"yue·动之星"的数量评选出"yue·动少年"，并利用集会时间隆重进行表彰。另外，学校成立了"yue星超市"，里面有学校吉祥物、学习用品、体育器械、饮料、食品等，学生可以用"yue·动之星"来兑换超市中自己喜欢的物品。在精神层面表扬的同时进行物质方面的奖励，学生积极性空前高涨。

在评价体系实施期间，班主任及任课老师及时根据所任教学科以及管理领域上传学生在校情况，通过线上、线下及时与家长沟通，及时发现问题、主动解决问题。同时，学校启动"yue星"评价奖励机制，每月一统计，每学期一汇总并兑现奖励，学生通过在超市中获取自己心仪的奖品，大大激发了参与评价、主动评价的兴趣，促进了学生全面健康发展。目前，学校的"yue·动之星"多元评价体系仍处在探究发展阶段，因为每个学生都有自己的独特性，都应得到尊重，对他们的发展有基本要求，但不能用一把尺子量，所以未来，学校将结合评价过程中出现的问题及时进行修订完善和创新，充分挖掘育人价值，将评价反馈与激励完善融为一体，逐步形成以"推进性评价"为核心的综合评价体系，真正体现出评价对每个学生幸福人生与生命价值的关爱，以实现评价的终极目标：成长留痕，为学生留下温暖一生的礼物；行为聚焦，让评价引导学生全面发展；综合提升，以评价推动学生能力与素养的持续发展。

"乐·创"课程体系为学生成长奠基

青岛市城阳区第二实验小学　万　莉

青岛市城阳区第二实验小学成立于2005年8月，占地74亩，现有在校师生4500多人。学校在"向阳而立，乐创未来"的办学理念下，走出一条"艺术体育特色，全面育人"的品质发展之路，以优质的办学质量成为当地老百姓最喜欢的学校之一。学校荣获全国体育艺术示范学校、山东省教学示范学校、山东省首批文明校园、青岛市五星级校园等二百余项市级及以上荣誉称号。

一、基于需求的课程建设思路

学生的培养质量取决于学校育人目标的设计质量，而课程体系的架构和实施又是育人目标实现的重要依托，三者融会贯通，一脉相承。我们一直在思考：新时代教育背景下，我们要培养什么样的人？如何为有着各种可能性的孩子最大限度地提供适合其发展的课程体验？所有的问题源于实践中的追问，所有的追问也将在实践中得以回答。

我们又开展了进一步的追问和探索：如何基于学生需求、社区资源、学校历史文化基础，顶层架构"五育"融合育人体系？如何避免"五育"课程只是由各学科课程组装起来，缺乏实践深度与高度的困境？如何突破教育过程中难以形成真正的五育合力这一难点？

基于此，学校在充分满足新时代背景下学生成长的过程中，既彰显自我个性，又敬畏社会规则；既注重自我实现，又愿意服务社会；既根植中华，又放眼世界的多元需求和差异，全面整合了学校与社会资源，提出了乐于担当（品格修养）、乐于表达（人文素养）、乐于创新（科学素养）、乐于运动（健康素养）、乐于审美（艺术素养）、乐于动手（劳动素养）六个维度的核心素养，进一步提出了"培养根植中华、乐学慧创、行至未来的阳光少年"的育人目标。由此包含着乐德、乐言、乐智、乐美、乐健、乐劳六个领域的"乐创"课程体系也应运而生。

二、"乐创"课程体系的实施

作为一所不断创新发展的学校，在实践中，我们清楚地认识到，新时代五育并举的学校课程建设必须选好突破口，既保证学业质量又促进全面发展，避免不能学以致用。因此，我们积极探索、尝试课程整合路径，使"乐创"课程真正地落地生根。把课程按照功能归为四维共"八化"：基础课程规范化、校本化；拓展课程特色化、品牌化；选择课程个性化、多元化；综合课程生活化、体验化。整合思维，构建乐创课程群：形成乐德、乐言、乐智、乐美、乐健、乐劳六个课程群，落实育人目标。下面以乐德、乐美、乐言课程群的实施为例。

1. 乐德：润德乐生、养习致礼

《道德经》言："道生之，而德蓄之，物形之，而势成之。"成功是在道德教育、环境熏陶下自然结出的果。学校注重德育，抓实养成教育。除了落实好国家课程，我们还拓展开设了好习惯养成课、礼仪课、入学和毕业课程等，并通过每周国旗下讲话，帮助学生确立正确的人生观、价值观。为更好地体现生活化德育的效果，学校以"彬彬有礼在校园"为主题，成立德育社团，自编自导录制礼仪学习微视频教材，让学生学习。学校还充分挖掘各学科课程中的育人因素，通过主题式、项目式的综合课程进行学科课程融合。学校组织教师与学生在语文课上诵读红色经典，分享红色故事；在合唱节，鼓励每一个班级歌唱红色歌曲；在晨跑中，以长征路线衡量计算跑步长度；在班会课上，举行党史知识竞赛；在劳动课程中，开辟农场，种植耕耘，忆苦思甜。浓厚的爱国情怀通过经典的文字、悠扬的旋律、坚定的步伐、辛勤的耕种流淌在孩子心。学校"润德乐生"德育品牌被评为"青岛市十大教育品牌"，我校学生多次作为礼仪志愿者，在中央电视台英语频道和社会各类活动中分别进行了精彩的解说和礼仪展示，向世界展现了中国阳光少年的良好风貌和乐于担当的品格修养。

2. 乐美：以艺育美、各美其美

基于美育范围，又超越美育范围，遴选提取其他相关因素加以融通整合，形成一个系统化更具价值的新整体，实现以艺载德、以艺促智、德艺并举、健康成长，这是学校美育课程体系的一大特色。学校作为美育特色学校，艺术教育在青岛市、山东省乃至全国都有着较高声誉，是学校最亮的名片。

同时，学校将"大艺术"的概念引入学校美育教育。为让每一名学生都能享有优质的美育，在"人人享有艺术"的美育目标下，我校创新性地采取普及加提高的形式，深化美育课程教学改革，逐步形成以音乐、美术教学活动为主渠道，以丰富多彩的艺术活动为拓展，以向阳花艺术团为高点的金字塔式美育课程体系；自主研发"多维乐动（5C）"音乐教学模式，获山东省第六届艺术展演优秀案例一等奖；全面推行"艺术课长短课"，面向全体学生开设口风琴、形体、舞蹈、声乐、戏剧表演、剪纸、书法等课程；开发手工创意、纸魔坊、纸艺、形体课等美育校本课程；菜单式、个性化、多元化定制30多个艺术社团以及特色艺术托管，强化对学生审美教育和艺术表现力的培养。为期三个月的艺术季，学生们一个都不少地参与合唱、舞蹈、绘画、书法等比赛展示活动，力求每个学生毕业时都掌握至少两项自己喜欢的艺术技能。实施艺术素质测评以来，我校艺术测评总分连年位居全区第一。近些年，参与国家、市、区舞蹈、器乐、合唱大型演出、比赛近百场，取得优异成绩。2018年6月上合组织青岛峰会灯光焰火艺术表演中，学校向阳花艺术团为各国元首倾情献礼，向全世界展示非遗文化胶州秧歌。

3. 乐言：乐于分享、言语雅正

阅读课程化一直是学校"咏乐"阅读发展的路径。学校从教、学、评等多方联动探索，构建全方位、全学科、全过程的"阅读+"课程体系，从教师、学生、家长三个层面，细化方案与活动，全面推进大阅读。

为了解决学生和教师在阅读中缺少优质阅读资源和充足的阅读时间的问题，学校开展"直面阅读真问题"大讨论活动，通过"读书无边界"阅读计划，打造学校两吧（乐读吧、向阳书吧）16廊共72架，让图书随手可取、即时阅读，打造了一个全开放、立体式的阅读空间，真正让阅读无时空边界、无领域边界、无形式边界。学校还将整本书阅读课纳入课程计划，保证每周每班一节阅读指导课，构建了涵盖低年级"乐读"课程、中年级"善读"课程、高年级"思读"课程的"三学段-多领域"阅读指导课课程体系。

为了保证多元学校课程在课堂教学中的有效实施，实现育人目标，针对以往课堂教师单一讲授的弊端，学校在班上建立了组织化合作学习小队，指导学生进行明确分工，让每一个学生都能在小组中找到自己的位置，在合作学习中学习合作；课上把更多的展示机会交给学生，学生之间互相评价，点评致谢，构建以尊重、对话、唤醒、创意为核心要素的优质课堂，培养学生学习力、思维力。学校作为青岛市学科基地研究校，多学科课改硕果累累，多个校本课程被评为青岛市精品课程。学校致力于让每一个孩子都能收获自信、收获成长、收获合作。

三、"乐创"课程体系的评价

为了保证课程的实施质量，学校将过程性评价与终结性评价相结合，一方面通过合作学习把更多的展示机会交给孩子，实现高效管理。一方面从课程教案、实施、学生学业水平三个层次对课程落实进行评价，如"乐创之星"立体化成长制，将教师的评价与学生的自评、互评相结合，对小组的评价与对组内个人的评价相结合，对书面材料的评价与对学生口头报告、学习活动表现评价相结合，定性评价与定量评价相结合。一方面进行课程综合评价。综合评价重在检验"五育"并举课程实施效果，对这一效果的评价不仅要建立在德、智、体、美、劳之间的内在互动机制和规律基础之上，而且要体现和激发学生在接受"五育"并举课程教育过程中的主体性和主动性。

玉汝于成，日积月累的脚踏实地铸就了不一样的实验二小。"路漫漫其修远兮"，在课程建设的路上，我们将不断求索，向着有温度、有故事、有品质的学校继续努力。

国风　雅城　慧爱园

——"风雅"课程的探索与实施

青岛市城阳区国城小学　郝玉芹

青岛市城阳区国城小学成立于2015年9月，是由城阳区委区政府投资2亿元建成的一所省级规范化标准的区直属小学，现为青岛大学城阳附属小学。学校目前建有75个教学班，设施齐全，布局合理，办学仅6年先后获得全国足球示范学校、全国德育创新基地校、山东省卫生先进单位、山东省攀岩进校园示范学校、青岛市五星级阳光校园、青岛市文明单位等40余项荣誉称号。学校秉承"风雅国城慧爱童年"的办学理念，逐渐形成"慧爱"文化体系，确立"国风、雅城、慧爱园"的办学目标，努力培养"学识卓雅、品性高雅、举止优雅"的慧爱少年。学校重视风雅课程建设，积极探索教育改革，寻求课程文化发展，逐渐彰显出体育、艺术、科技、双语四大特色。

一、"风雅"课程体系缘起

青岛市城阳区国城小学是为了缓解区内的招生压力而建立起来的新学校。建校初期，更多家长倾向于将孩子送到有着丰富文化底蕴的老学校。在社会的矛盾体中，在家长的质疑声中，我们始终将"爱"作为前进的力量源泉。苏霍姆林斯基说："没有爱，就没有教育。"爱，是教育永恒的主题。爱不仅是一种品德、一种能力，更是一种智慧。我们希望孩子得到的爱不是宠爱和溺爱，而是有智慧的爱。

慧，由"彗"和"心"构成。从心，彗声。"彗"字表示用草制作扫帚，"慧"字意思是心里想到把无用的野草变成有用的扫帚，由此产生本义为聪明、智慧。这个字的造字原理中蕴含着古人的务实精神。《说文》称："慧，儇也。"有精明之意，慧是智慧的体现，也是聪明的象征。它是智商与情商的结合，是智慧、科技和人文的统一。因此，启迪学生的智慧，让孩子拥有一个充满爱的美好童年成为我们办学初期的梦想，我们以"慧爱"作为学校的最终文化发展方向。

在"慧爱"文化的引领下，孩子们慢慢感受爱、奉献爱，学会有智慧地去爱，举手投足尽显高贵典雅。"风雅"正是对其的最佳解读。"风雅"一词源自《诗经》，指外貌或举止端庄或高雅。"风雅"是对文明的萃聚、传播和践行，我们希望"慧爱"的国城学子具备家国情怀、文化传承和大家风范。因此我们为学校名称赋予了"国之风　雅之城"的新内涵，确立了"风雅国城　慧爱童年"的办学理念，以"国风、雅城、慧爱园"为办学目标，努力培养"学识卓雅、品德高雅、举止优雅"的慧爱少年，以此为基础，构建"风雅"课程体系。

学校的校训为"慧心　慧行　慧人生"，校风为"爱人　爱国　爱世界"，教风为"博文　约礼　润于心"，学风为"静思　灵动　慧于行"。

二、"风雅"课程体系的构建

风雅少年郎，折扇手中扬。自古以来，扇子是文人墨客谈吐风雅的象征，形状又像一片片飘落的银杏叶。于是，国城小学以学校种植的植物界的活化石银杏为课程结构图。银杏树，枝繁叶茂，每一片叶子都各具其美、富有特点，正如我们的学生个性多样、兴趣丰富。我们的学校和家长就是提供养分的树根和枝干，每棵树的成长都有着坚定的目标和长远的发展方向。银杏树就像我们的师生，扎根于国城教育的沃土，在阳光下茁壮成长，体现着城阳区"阳光教育"的宗旨。树叶形态万千，反映着我校"多元发展"的内涵，记录着国城的起始和成长，传承着国风和雅行之爱，国城小学的孩子们和银杏树一样都是我们的"国城宝贝"。我们的课程设置力求让每一个学生在多元的课程中学有所得、学有所长，促进学生的可持续发展。

风雅课程体系以基础课程、拓展课程、选择课程和综合课程为纵轴，以"文之风、德之雅""慧之风、思之雅""美之风、健之雅"六大核心素养为横轴，从人文与品德、数学与科技、体育与审美三大课程领域入手，培养学生学雅、卓雅、趣雅、精雅、博雅和润雅的"六雅"品质。

三、"风雅"课程体系的实施

（一）基础课程

国家规定的基础性课程，包括语文、数学等十一门课程，旨在开足、开齐、开好、落实好国家规定的核心知识和核心能力与情感、态度、价值观。

在课堂实践中，增强传统文化教育和蕴德课堂的高效实施，积极落实核心素养在课程中的整体育人原则，挖掘学科之间的内在联系，落实课程整体育人作用。深入打造主题式跨学科整合课程，改变以往只见树木、不见森林的碎片化教学模式，使基础知识目标、能力目标和情感目标水乳交融，提升学生的综合素养。

（二）拓展课程

根据区域课程与学生需要而开设的校本课程，旨在深化基础知识掌握，同时提升学生运用知识、探究问题以及动手实践的能力。普及性的特色课程使每个学生有所特长，孕育卓尔不凡的"卓雅"品质。

拓展课程针对每个年级的具体情况进行开展，面向每一个学生，让他们在学习中培养技能、熏陶体验，以学校四大特色为依托，涵盖英语、体育、艺术、科技各个方面。在外教课、自然拼读课和分级阅读课上，学生能近距离地与外教交流，在对话和阅读馆中不断"磨耳朵"；七日诵读课为孩子们提供了广泛的经典诵读内容；象棋、攀岩、围棋、乒乓球、足球、篮球、排球、滑冰速滑、田径等每个年级不同的拓展课程让学生益智又健体。艺术课有低年级的形体、二到六年级的口风琴、四年级的陶艺，在艺术的熏陶下，更多的孩子学会了审美，陶冶了情操。普及性的拓展课程为学生的生涯规划提供方向。

（三）选择课程

兴趣是最好的老师——选择课程的设置关注和尊重孩子们的个性发展。选择课程是采取递进结构的两种方式，即趣选和精选。趣选是以走班选课的形式开设，满足每一位学生兴趣发展需求的普及型社团活动课程。学校有诵读、器乐、舞蹈、戏剧、足球、棋类、轮滑、剪纸、软笔书法等75个有影响力的趣选课程，激发学生的趣雅品质。为了满足学生的学习需求，在师资的选择上，除了学校部分专业老师外，我们还借助校外专业老师、高校资源、家长资源和社会资源，优化和提升课堂水平。

在实施趣选课程的过程中，我们欣喜地发现许多孩子在某些方面天资聪颖，特长凸显，为了让这些孩子走得更远、飞得更高，我们进行了精选课程的设置，即在走班选课的基础上，更深层次地发展学生特长和兴趣。结合学校的情况，配备专业老师，全校针对体育、艺术、科技、英语等学科开设了攀岩、冰上项目、棒球、击剑、二胡、古筝、舞蹈、陶艺、扎染等二十余门精选课程，学校特色逐步彰显。精选课程中涌现出来的舞蹈团已登上了央视的舞台，管乐、合唱等多次在全国、省、市、区的各项比赛中荣获嘉奖，科技、体育团队也已多次在全国赛事中崭露头角。精益求精的精雅品质已在学生身上得到体现。

（四）综合课程

"新样态课程"强调学生的学校生活就是教育或者课程的基本内容，不仅包括学生的知识学习、能力培养、素养孕育和人格养成，还包括学生成长、成人、成功所需的多方面内容，综合课程是对"一事一物皆教育，时时处处有课程"的最好诠释。

综合课程既包括节日、主题活动、生活体验、劳动教育等动态课程，鼓励学生积极参与，也涵盖校园环境静态文化给予学生的无声享受，动静结合，全面育人。

传统节日里，学校开展了形式多样的"我们的节日"系列活动。通过春节、清明节、中秋节等节日引导学生通过实践了解习俗、过好传统节日，增强中华民族的凝聚力和认同感，领略其中的人文情怀，弘扬传统文化魅力，塑造国城学子的中国心。

写字节、体育游戏节、艺术节、感恩节、礼仪节、读书节、科技节、歌唱节八大校园主题节日充实学生校园生活，每月一节日中丰富多彩的活动使学生的身心得到全面发展。对于每周一的升旗仪式，学生们自我策划，自己查找资料和排练，"安全教育""习惯养成""童心向党"等多个升旗仪式"主题活动"课程带给学生不一样的收获。

学校依托校园自身独到的地理位置和自然环境，开拓校内劳动实践基地，确立适合孩子们的劳动教育目标，形成了独特的劳动教育方式。在学生们辛勤劳作及悉心照料下，学校"三场"先后收获过小麦、茼蒿等多种作物。"微耕园""润爱园"里学生对果树进行修剪、施肥，收获果实，烘焙课上制作甜点，形成种植—管理—采摘—加工制作链条模式，保障劳动教育过程的完整性。

同样，学生们在厨育课程、劳动技能PK赛中体会劳动的不易。走进博物馆、清明祭英烈、走进纺织厂等多项实践活动，为学生阳光向上的童年生活提供了丰富的教育平台。学生在活动中看得更高，走得更远，逐渐养成博识洽闻的博雅品质。

杜甫吟诵春雨，说它"随风潜入夜，润物细无声"。"无声"的教育是一种教育境界，我们希望在无声中培养学生的润雅品质。

走进慧爱楼大厅，学校的核心办学理念映入眼帘，让每一位走进国城的人感受到浓浓的爱意；蕴德楼里有名家书屋和卫星图书馆，先进的超星图书让孩子们随时随地都能嗅到书的芳香；在创客中心，孩子们通过自己动手操作来学习身边的科技；在两个未来教室，孩子们学习3D打印和电脑绘本课；开心农场、阳光农场、雅爱农场等劳动基地为学生提供实践的场所，微耕园、朗润园里，教师引领学生观察果实的生长过程，形成实践报告；军事长廊的国防资料、汇海长廊的海洋探秘、华夏厅的博览万物、种子博物馆的奇妙生长阐述德育新意义，国城逐渐成为每一个角落都能润德，每一丝气息都能熏陶的文化殿堂。

四、"风雅"课程体系的评价

学校构建了"慧爱"评价体系，围绕"六慧三爱"进行评价，根据"中国学生发展核心素养"中的人文底蕴、科学精神、学会学习、健康生活、责任担当、实践创新六大核心素养，以"慧审美""慧思考""慧学习""慧生活""慧担当""慧创造"的"六慧"品质和"爱人 爱国 爱世界"的"三爱"精神作为评价的达成目标和根本目的。

学校采取即时性评价和总结性评价相结合的方式，围绕"六慧三爱"细化评分标准，落地于校内学习与校外生活的方方面面，形成以教师、家长他评，同桌互评和个人自评相结合的评价方式。学校设立了成长币和行动卡来评价激励学生。课程作业、作品优秀，上课积极发言，在活动参与、成果展示、责任履行等品德塑造方面表现优秀的学生，可以获得一枚风雅成长币。集齐20枚成长币就可以换得"风雅"行动卡。学校特别设立"置换日"，学生可依据手中的行动卡选择置换各种礼品。除评价卡评价之外，学校还设立了"阳光少年""风雅国城人"等多种荣誉，学生可以通过自主申请、记录过程、评价展示等，在自己擅长或者感兴趣的领域展现风采。这一发展性评价机制的实施，将抽象的育人目标转化为成长实践，让孩子们在潜移默化中不断成长。

五、"风雅"课程体系的实施保障

教师在课程开发中处于核心地位。为此，风雅课程在实施过程中，将教师队伍建设作为重中之重。学校确定了"大师引领"和"小兵过河"并举的做法。通过新教师展示课、青年教师引领课、骨干教师示范课、青年教师大比武等三课一赛，深入推进"青蓝工程"，通过成立名师、名校长、名班主任"三名"工作室引领教师专业成长。学校依托全国百班千人实验校、全国数学文化实验校以及国际人文交流实验学校等平台，邀请区市教研员和国内知名学科专家到校指导学校教学，与青岛大学合作，开展人人微课题等教科研活动，努力建设一支德才兼备、一专多能的教师队伍。

风雅课程的建设，任重而道远。百尺竿头更进一步，我们正朝着"有人性、有温度、有故事、有美感"的新样态学校不断迈进。

创生课程　点亮孩子的世界

平度市广州路小学　赵　艳

　　最好的学校教育就是能为孩子提供多样选择，让每个孩子遇见更好的自己的教育。基于此，做好国家、地方、学校课程的融合与实施，为学生提供丰富适切的课程至关重要。近年来，遵循为党育人、为国育才的目标导向，遵循"多彩课程　师生互动　多元发展　全面提升"的基本原则，我带领团队在课程建设上进行了大胆的探索，从"生命·实践教育"的哲学高度，经过多次深入研讨、严密论证，构建起基于学科核心素养的"233"课程建设体系（基础课程、拓展课程2个层次，学科、品格、个性3类领域，必修、普修、特选3级台阶）。"2个层次、3类领域、3级台阶"构成一个立体交叉网络，既为学生提供了充分的选择空间，又为其提供了多样的发展可能，尤其是拓展类课程的实施取得了显著成效。

一、依托专家，寻求课程建设的智力支持

　　善谋事才能干成事。建构和提供丰富的、适切的课程，实践者需要有很高的理论支撑，需要很高的专业素养。所以，在课程的整体构建与实施过程中，我们并多次召开生命课堂、人文管理和自主养德教育实践过程研讨会，积极邀请国家、省、市级专家"把脉问诊"，使课程建设更有针对性、更科学、更实效。来自各级教育主管部门、中国教育科学院的专家及名校长多次到校，对学校的办学行为、课程构建进行诊断指导，对参与教师进行培训。

二、落地生根，致力拓展类课程的建设开发

我们以"以师为先、以生为本"教育理念为核心，精心实施"1361"工作思路（聚焦高质量发展，实践生本课堂、阳光德育、人文管理3个板块，扎实做好党建引领、学校管理、质量提升、立德树人、安全稳定、办学条件改善6个方面工作，实现师生健康主动发展目标），着眼于培养学生的核心素养，挖掘资源，致力于体育、艺术、手工类校本课程建设开发，开发了海洋、传统文化、德育、艺体类等学校课程，拓展类课程的构建变得厚实、丰满。

（一）德育课程

育人先育心。以"自主养德"德育品牌创建为核心，全面实施"文明素养塑造工程"。学生成长活动序列安排为一年级的入队仪式、二年级的小队成立仪式、三年级的班委成立仪式、四年级的集体生日仪式、五年级的结对仪式、六年级的毕业典礼。

先后开发了爱在这里流淌、好习惯铸就人生等生命课程，成立了志愿服务队，自编了文明素养操，让学生在实践中感受文明、践行文明。我们的德育课程建设在平度市中小学学校管理工作会议上做了典型交流，荣获青岛市十佳德育品牌。

（二）海洋教育特色课程

我们积极响应青岛市建设海洋地方课程体系的号召，着力打造海洋教育特色学校。

学校以课题"蓝色海洋教育实验研究"为抓手，积极组建课题研究团队。一是立足校情，切实规划，立足课堂，大胆延伸，扎实搞好蓝色海洋教育课题研究工作。二是营造"亲近海洋，了解海洋，关爱海洋"的海洋校园及班级文化。三是与中国海洋大学生命学院共建海洋教育实践基地，积极开展丰富多彩的海洋教育活动。四是成立"海洋教育校本课程领导小组"，组织编写了《大海在我心中》校本教材，分为低年级《爱海篇》、中年级《知海篇》、高年级《探海篇》，加强对课程设置、师资选择、课表安排、课时落实、课程评价等方面的管理，大力提倡教师在教材知识架构下，进一步拓展、积极丰富海洋教育教学资源，扎实推进海洋教育校本课程的实施。学校被评为青岛市中小学海

洋教育特色学校。

（三）传统文化课程

2014年，教育部《完善中华优秀传统文化教育指导纲要》指出，要求分学段有序推进中华优秀传统文化教育。我们把优秀文化传统有机融合于课堂和丰富多彩的实践活动中，创建富有特色的传统文化教育课程体系。

1. 草编和木版年画等活动类课程

学校实践活动中，手工坊是孩子们特别喜欢的课程。"手工坊"师生们利用平度充足的"玉米皮"资源，创新草编工艺；对平度民间传统文化木版年画进行了挖掘，开发了校本融合课程版画与生活。这些课程都深受学生喜爱。同时，学校先后开设了面塑课程、剪纸课程，以"面娃"手工坊、"燕尾裁春"剪纸工作坊等为阵地，聘请民间艺人担任校外辅导老师，校内美术、音乐老师担任校内辅导教师，通过授课不仅锻炼了孩子们的动手操作能力，更实现了传统文化进校园的美好愿望。

2. 古诗文素养特色课程

"读经典的书，做有根的人。"我们以国家、省、市语文学科课题为引领，编写学校课程《孝悌美文》篇，举行传统节日经典现场会，让学生在一遍遍、一篇篇孝悌美文诵读中感受到古典文化的博大精深，多人次在大赛中获奖。

（四）艺体素养课程

培育文明自主好少年，促生命个体的健康主动发展，艺体素养不可缺失。基于这个理解，学校组建绿芽文学社，开设阳光篮球、飞儿舞蹈、腾飞合唱、飞翔田径、七彩英语等几十门校本艺体素养课程，持续跟进研究实践。开展体育节、艺术节、科技节、读书节展示活动，形成工作常态，初步架设起立体课程，打造艺体课程特色。

三、自觉融合，厚实课程建设的丰富内涵

我们强化资源开发意识，不断探索国家、地方、学校三级课程及各类课程资源的整体融合，促进拓展类课程体系不断延伸与创新。如手工坊课程是中华优秀传统文化与平度地域文化特色的有机融合；版画与生活是美术课与综合实践活动学科进行的大胆融合；课堂展示"有趣的海洋动物"，既体现了地方与

学校两级课程的融合，又体现了美术课、品德课等课程的融合。课程融合，只有起点，没有终点。

四、春华秋实，收获课程建设的丰硕果实

有耕耘就有收获，有种植就有绿荫。多年来，学校拓展类课程的实践取得了不俗的成绩，学生综合素养全面提升，学校教学质量不断提高。学校获得了山东省规范化学校、青岛市现代化学校等荣誉二十余项；先后举办了平度市课程实施水平经验交流会，青岛市语文、英语教研活动现场会等；被评为全国第五届中小学生艺术节优秀组织单位，多次代表平度参加各级艺体赛事；多项研究获得青岛、平度教学成果奖。

这些是看得见的成绩。孩子们综合素养的提升、生命的滋养、优秀传统文化的濡染、内心的阳光自信……这些看不见的，更加珍贵。看着孩子们那一张张开心的笑脸，对传统文化敬慕的眼神，对未知世界的好奇，我们深知，这就是童年的快乐，这就是生命自觉的唤醒！

我们相信，只要脚踏实地、奋发创新，就能迎来教育的春天；只要始终坚持爱与责任，就能开创一个有情怀的学校，就能成就万千孩子、幸福万千家庭！

长短课时的研究与探索

青岛市黄岛区第四中学　刘志波

创新，不是另起炉灶式的革命，而是辩证的否定之否定。为了确保长短课时的深入开展，我们采取评价为主导、课题研究为保障、课堂教学比武为平台、教学法创新为抓手的系列化措施。

2015年7月31日起，北京市对中小学沿袭已久的45分钟课时制不再做统一的要求，而是鼓励各个学校根据学科、课型、课堂教学及学生的实际需求开展长短课、大小课相结合的课程实验。

青岛市黄岛区第四中学（以下简称黄岛四中）作为一所在当地教学质量持续领先多年的学校，如何持续丰富其文化内核，确保学校的核心竞争力不断增强呢？借鉴北京市的改革试验，我们进行了长短课时的研究与探索：采取行动研究法，边研究边探索，循序渐进，坚持继承和发展；加强课程的建设与实施，因地制宜，分清主次轻重，采取灵活的、更有针对性的教学安排。

一、长短课时的探索，我们循序渐进，坚持继承和发展

班级授课制自诞生之日起，就构建了一种模式：时间、地点、人员、课程等相对固定。长短课时的出现是一种有益的创新。在选课走班的今天，其依然建立在班级授课的基础上，是一种动态的班级授课制。因此，抓住了主要矛盾，矛盾的主要方面就呼之欲出了。

早在"长短课时"这个名词出现之前，我们的探索就开始了：在总课时不变的前提下，学生要举办时间在90分钟左右的球类比赛，例如篮球赛、足球赛。怎么办？我们调整课表，形成相对固定的时间，叫"比赛季"，这样就避免了课表经常调换。同样的课程还有音乐课，遇到需要课时较长的情况，参照

"比赛季"，形成固定的"音乐节"，问题就搞定了。美术课与体育课、音乐课有所不同，画比较复杂的图机会比较多，采用特别固定的时间不能解决问题，怎么办？这时候，我们采取上大课的形式，将任课教师所教的学生集中到阶梯教室，把上课时间统一起来；不同的美术教师还可以轮流上大课。

现在看来，音体美课开了长短课时的先河。第八次新课改以来，四中的校本课程开展得如火如荼，许多教师的个人课程，通过了学校学术委员会的批准实施，越来越多的老师开专题课，开始尝试上大课，涌现出一些"明星级"的老师和多样的课程：侯方生老师的毛主席诗词欣赏，薛绍伟老师的食用菌栽培，张成世老师的摄影艺术，薛福成老师的生活中的物理，孙翠春老师的西方礼仪，刘芳老师的国学经典，徐文科老师的历史上的今天，孟宪峰老师的在做中玩转数学，等等，成为学生选课走班的首选。这样，一些老师校本课程的时间由45分钟，调整为90分钟，总课时数还是没变。

谁来负责课程表的调整？我们实行了级部负责制，由各个年级的主任负责统筹安排，学校教导处负责指导、制定学校的总课程表并进行督导和考核。

二、长短课时的实践，我们因地制宜，分清主次轻重

国家三级课程的实施要严格按照课程标准进行，不能随心所欲地任性而为。我们在实践过程中，首先从课程的整合入手，完成了国家课程校本化、地方课程特色化、学校课程个性化，构建了与特色学校发展相匹配的"成长"课程体系（图10），为学生成长助力。

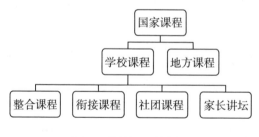

图10　学校课程结构图

1. 整合课程综合化（图11）

学校层面，开发了学科学60例、历史上的地理变迁、法律法令古今谈、文学鉴赏等课程；教师层面，开发出理化生是一家、从地名看中国历史、以时间为坐标话中外轶事、校园里的大世界等十几门综合化课程。

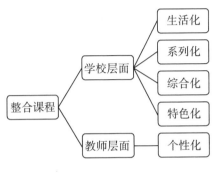

图11　学校整合课程

2. 综合课程个性化

根据《教师特色发展情况调查表》，学校层面开发了生活中的物理、数学与生活、身边的化学、灵山秀水育英才、根植于本土的美丽、民风民俗话胶南、我爱我家——身边的历史研究等课程；教师层面，开发了科学家的故事、英语与西方礼仪、毛主席诗词鉴赏、食用菌栽培、小摄影师等三十余门个性化课程课程，深受学生欢迎。

3. 个性课程系列化

经过研究完善，比较成熟的有《国学经典诵读》（七八九年级）、《送你一把金钥匙》《初中学生学习心理与学习方法》《家庭教育与学习习惯养成》《打开进步之门的钥匙》《教你学写字》等一系列校本教材。教你学写字申报了青岛市优秀课程，还有两名学生获全国书法比赛一等奖。

4. 衔接课程特色化（图12）

根据《学生特色发展情况调查表》，开发了小初、初高衔接特色课程。小学与初中的衔接课程包括行为课程好习惯伴随你一生、打开初中大门的钥匙等；还包括学校历史文化课程，如辉煌的四中、校史指引我前进等；还包括学科"进化"课程，如语文进化、数学进化、英语进化、科学进化等系列特色课程。初中与高中的衔接课程，包括理想决定高度、各个学科的学法进化系列等。

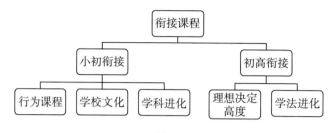

图12　衔接课程结构图

5.根据学生的需求，开设"家长讲坛"（图13）

通过学校家委会的聘请，一批批有特长、能上课的家长走进学校，开设了三十余门有特色的校本课程，内容涉及时事、法制、食品、军事、礼仪、企业管理、科技等，学生受益匪浅。

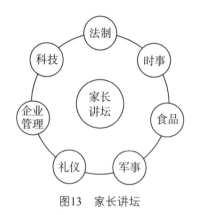

图13　家长讲坛

6.社团课程生活化（图14）

按照选课走班制要求，根据学生的选课情况，以社团活动推进"个性化实践课程"建设。构建了12个学生社团，以此作为新的授课方式。同时，学生社团走出校园，走进博物馆，来到企业集团，走入图书馆，深入农业基地，参观军港，当社区的志愿者，听老革命讲故事，考察历史遗迹，满足了每个学生个性成长的需要，成了培养特色学生的重要载体。

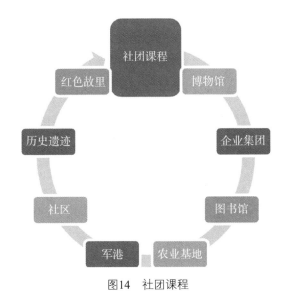

图14　社团课程

课程建设与实施为长短课时的实践打下了坚实的基础。四中在课程总课时一定的情况下，把统一固定的45分钟，调整为正课时与辅课时相结合的灵活课时：以30+10分钟为主课时，主要是基础性知识的学习、基本技能的练习；以90分钟为次课时，为了专题性内容的学习和练习，如作文、系列专题，包括选课走班的个性化学习内容；以10分钟、20分钟为辅课时（早晨和中午），主要为复习、练习，如记忆类、写字等内容。

评价是长短课时实施的保障性措施，对于有效、高效学习有很重要的作用。学校课程评价的实施、考核分离，即一名副校长负责实施，另一名副校长实施考核与督导，与学校的考核评价制度形成一致的"链条"，避免脱节、低效。

三、以系列化的措施，确保创新永远在路上

创新，不是另起炉灶式的革命，是辩证的否定之否定。

为了确保长短课时的深入开展，我们采取以评价为主导、课题研究为保障、课堂教学比武为平台、教学法创新为抓手的系列化措施。

在"十二五"课题研究过程中，我们申报立项了"中小学校特色发展的个案研究"，突出特色，围绕课程，教研组建设开展了卓有成效的探索，课题研究成果通过了青岛市专家组鉴定；我们的"青年教师比武课、比武优胜者观摩

课、课题研究课、骨干教师示范课、优质课比赛汇报课"等"五课"活动，突出在长短课时实践与创新的成果，以"魅力教师·活力课堂"为旗帜，有力地促进了长短课时的推进。

自青岛市教体局开展课堂教学改革实验基地申报与研究开始，我们的历史、生物学科入选青岛市学科实验基地，语文、英语、物理三科入选黄岛区课堂教学实验基地，为打造领先的课堂教学法起到了保驾护航的作用。在"十三五"课题申报立项过程中，我们研究确立了"基于多元合作的学科育人模式研究"，在创新长短课时形势下创新教学法，为创出一条新路子、持续领先本地教育提供助力。

通过长短课时的研究，我们充分认识到：改革不是革命，对新生事物的出现漠不关心是可怕的，跟风模仿是没有出路的，只有坚持学习研究，才能有效创新，确保学校永远在领先的路上。

"三六三"教学模式下的教材整合

青岛市城阳第六中学　林美娟

我校做好教育科研，提高教学质量，扎实推进"三六三"教学模式课堂改革。

在新课程理念下，课本不是教学的全部内容，教材是可变的、发展的和开放的。老师设置好与教材相关的内容，适当地进行教材整合，就能比较好地培养学生实际运用知识的能力，实现学生主动参与、探究、发展、交流、合作的学习方式。而在当下的教育形势中，课时少了，所授内容不减反增，怎么办？

教材整合是解决问题的途径之一。

我们确定了"三个层面推进课堂教学改革"的工作思路，即通过教科研引领课堂教学改革，通过级部管理整体实施与推进课堂教学改革，通过学科和学生活动促进课堂教学改革。着力解决"一个尊重、两个转变、一个落脚点"的问题。"一个尊重"即尊重学生学习的主体地位；"两个转变"即教师的教学方式由以灌输式教学为主向引导探究式教学为主转变，学生学习方式由以接受式学习为主向自主研究式学习为主转变；"一个落脚点"即构建高效愉悦课堂。

一、发挥教研组领导作用

我们根据实际情况，重新组建教研组。教研组长明确职责后，随之开展相关活动，参与每周的校日展示课、行政听课、评课；深入教研组听年轻教师的课；检查组员的教学常规材料；还进行教学改革方面的讲座；统领本组教师，组织大集备。就"如何进行教材整合"这一议题，各备课组长交流本组小集备的成果，做到互通有无，相互借鉴。中考复习期间，初三集备组长带领老师完善初中各个知识点和考点，形成各学段上下"一盘棋"的格局，进而总结出各学科的整合教材思路，以促进学科教学的高效。

二、推进各学科整合步伐

1. 数学学科

七年级时，为让孩子们尽快进入初中学习状态，我们请教了小学六年级的教师，询问了学生在小学时数学学习的能力和思维发展特点，之后大胆地进行了教材优化，先讲第二章有理数的混合运算，再讲第一章视图。实践证明这种尝试是非常可行、有效的。

八年级时，在集备讨论之后，我们先讲二元一次方程组，再讲求一次函数解析式，目的是利用二元一次方程组解决求一次函数待定系数，这样的安排减少了学生们的认知冲突，降低了学习难度。之后学生们在学习一次函数解析式时就会游刃有余，事半功倍。

九年级时，为了避免学生同时学习数学的"二次函数"、物理的"电学"、化学的"酸碱盐"这些难点重点，我们在期中考试后直接先讲二次函数，再讲概率和解直角三角形。这样一来，数学的重难点就和理化的重难点"擦肩而过"，孩子们学有余力，效果自然就好了许多。

以上经验在2013年区教育教学年会上由我校的孟凡亮老师做了主题总结汇报，取得了良好的效果。数学近几年的中考成绩一直名列前茅也有力地说明了数学教材整合的良好效果。

2. 语文学科

"静下心来研究教材，大胆取舍，既要巩固基础，更要提升能力"是初三文言文复习整合教材的原则。对于相对简单的七年级的课文，我们经过筛选归纳，只用三课时进行复习，八年级上册一些篇幅较短的文章我们也把两篇或三篇课文放在一起复习。我们还将文言文中的难点进行知识的归类，如58个通假字、67个活用词、44个古今异义词和所有的特殊句式，我们都会给学生整合，以达到触类旁通的目的。大胆的取舍和整合既让我们节省了很多时间，为阅读和作文训练提供了时间的保障，也让学生从繁多的练习中解放出来，提高了教学效率。

为了在有限的课时里提高学生的阅读水平，我们发挥集体的力量，压缩阅读训练的量，增强课堂的有效性，做到精选试题，精心批阅，精心讲评，力争让学生一课一得。

我们广泛地搜集，大范围地选择文本；精心筛选，选出题型可用的文本；通过做题，选出难易程度适中的文本；对有些效果不太理想的题目，要重新编题，力求每份阅读题都有实用性和针对性。

静心批阅就是在批改时做到三个留心：留心学生的集中性错误，便于课堂上集中讲解；留心学生对于曾经讲评的内容、题型的掌握情况；留心阅读有进步的学生，做好记录，及时进行表扬；留心阅读上有困难的学生，课下跟踪辅导。

精心讲评就得在讲评前先进行集备，交流在批阅时发现的问题，并确定讲解的重点。课堂讲评要做到：不面面俱到，讲重点、难点；该学生讲的让学生讲，老师不包办代替；每节课至少总结一种写作手法或写作技巧的作用，并让学生做好笔记。为了使训练有时效性，在编排训练题时，我们还注意了同一种写作技法的连续性训练，力求学生能在连续训练中真正掌握这些语文技法。

作文教学一直是学生和老师不愿触及的"软肋"，我们力求在作文教学上有所突破，我们先归纳出学生作文中存在的主要问题：选材陈旧、详略不当、缺少细节描写、少真情实感等。然后面对问题实施专题训练，逐个进行突破。在文章中有着四两拨千斤作用的细节描写，是学生最薄弱的环节。为突破这一点，我们的具体做法是：通过集备，精选例文（细节描写不恰当的例文）；印发例文，学生细读例文，并从开头、结尾、细节描写等角度进行交流点评，老师参与交流；运用写作技法，当堂补充并修改作文中缺少的细节描写；交流并点评；老师出示相近的作文题目，学生重新作文，当堂完成。

我校语文中考成绩连年位于城阳区前列，2011年全区"读书经验交流展示会"在我校召开，2014年承担的国家级课题已圆满结业并获优秀等级。

3. 英语学科

英语老师根据学生的认知特点和心理特点并结合教学的实际情况，对教材内容的顺序进行了适当的调整，如模块或单元之间的调整、模块或单元内词汇的调整、不同模块的整合。这样的调整更符合学生的兴趣和能力的发展水平，学生学习起来更加有效。另外英语老师还对教材进行了补充和删减，她们删除了那些不够精练、不易上口、不利于学生语感培养的内容，适当补充了一些短小精炼的文章。她们充分利用报刊、网络选了一些课外阅读材料，来加强对学生阅读技能的培养和提升。教材资源的适当延伸和拓展，提高了课堂趣味性，学生主动学习的积极性得以提高。

4. 三级课程

通过教学实践发现，地方课程上的若干内容与国家级课程上的内容是重复的，例如《安全教育》上的若干知识在思想品德课上都有；地理课上的内容与《环境教育》上的内容多有重复，如果每科都讲的话，不仅浪费时间，还加重学生课业负担。如何不来回地"炒旧饭"？我校很好地整合了这些章节。

我们在思想品德、地理课上讲这些内容，省下安全教育、环境教育课的时间进行小课堂授课，即一半时间进行地方课程授课，一半时间用来指导学生进行经典名著阅读。

我们还开发了与国家课程内容相关的学校课程，如趣味数学、经典诵读、地理识图、英语口语沙龙、剪纸、葫芦丝吹奏、排球操、生活物理。

三、搭建学习平台共成长

围绕"三六三"教学模式，我们先后组织过几次大的交流发言，分学科、分级部的交流发言都让老师听有所获。我们围绕"教材整合"，进行微型课题研究，并撰写论文和教学案例；围绕教师专业化发展，鼓励老师上各级各种形式的课，读教育教学方面的书。这些教研氛围的创设都加快了教学改革的步伐，使我校老师在教学改革中获得了良好的发展。

在全体教师会上，语文、数学、英语，地理、生物等学科教师分别针对"学科整合教材"做了主题做法介绍，收到了良好效果。政治、数学、语文、英语等学科分别在区学科教研活动中做过经验交流。

2012年3月，青岛市生物"三六三"教学模式课堂教学研讨在我校成功举行；2013年12月，青岛市数学"学案引导下的高效学习方式"课题研究现场会在我校成功举行。我校所承担的数学课题研究已顺利结题。2014年5月，我校顺利通过区课堂教学示范校的验收工作，其中"教材整合"的具体做法受到了好评。

四、建立评价激励机制

我们从三个方面体现评价机制。一是研究评价学生在课堂教学中主体地位是否得以体现，关注学生学习的过程，如预习、课堂提问、小组合作表现、检测情况，通过每节课中的量化记分评价、优秀小组、优秀师徒的评选等促进小组合作、师徒结对活动的开展。二是研究如何评价教师个人的教学工作，改进课堂教学评价表，关注教师的课堂结构、教学环节的设计、问题处理等。三是研究如何评价备课组的教学改革工作，制定优秀备课组评选方案，关注备课组的总体改革效果，关注备课组长的教学改革思路及引领作用的发挥。

五、实施课题驱动战略

第一，我们积极组织申报各级规划重点课题，组织骨干教师参与研究实践，从而推动教材整合的步伐。

第二，以备课组为单位进行"草根"课题的研究。教师撰写课题研究计划，扎实推进研究过程，学期末进行阶段成果总结，撰写微型课题论文。

第三，分学科以"如何整合教材使课堂高效愉悦"等方向作为研究突破口，推进"学科课堂教学专题周"活动，并通过观摩课、展示课、领导行政听课、同课异构等方式，指导教师全员参与课堂教学改革，共同落实课堂教学改革的目标。

第四，注重专家引领，先后邀请青岛市教研室学科专家到校听课指导，诊断教师的备课、课堂教学，特别对教材的把握进行了指导，这为我校"教材整合"的实施提供了方向引领。

"路上春色正好，天上太阳正晴，请乘理想之马，挥鞭从此起程。"我校"教材整合"的研究不断深化和扩展，教学质量、精细化管理、特色与创新均有长足的进步，内涵式发展将迈上新台阶。

聚焦核心素养　课程改变人生

青岛启元学校　林中先

"核心素养"是当前教育领域受关注的热词之一。核心素养体系的构建，成为顺应国际教育改革趋势、增强国家核心竞争力，提升人才培养质量的关键环节。青岛启元学校是九年一贯制学校。为适应九年一贯教育的改革发展需要，切实做好学生九年人生规划，学校根据国家课程标准和学生发展的需求，基于学生核心素养的培养，致力课程体系研发和建设，通过调整课程设置，不断丰富课程内容，努力完善课程结构，建立起适合学生九年发展的"启·元"课程体系。

一、实践基于核心素养的课程体系变革，实现四个"课程+"链接

1. 实现"课程+教师"的链接

教师是课程改革的主力，2014年，学校开始酝酿课程改革，重点研究了全国各地九年一贯制名校发展和管理经验，初步建构出了九年一贯制学校发展、课程设置的愿景。学校先后制定了课程整体规划方案，成立"课程体系改革领导小组"和"课程实验丛书编写小组"，建立了课程改革实验工作的研究、交流制度。2015年，学校人员先后远赴北京、上海等地，与北京育英学校、上海协和外国语学校、常州湖塘实验初中等学校签订了合作协议书，聘请了南京师范大学吴晓玲等3位博士为学校的课程改革提供理论支撑。

2. 实现"课程+空间"的链接

课程的学习不再局限于67平方米的教室空间，树荫下、书香阁、文学院、书画院，随处都是课堂，随处都是学习与阅读的区域，课程与空间实现了有效链接。

3. 实现"课程+时间"的链接

整合部分课程内容，探索实施长短课时。在五至六年级增设公民道德意识课时；增加自主研发的人文科学和自然科学课程，每周2课时。五至八年级语文国家课程课时中增设一两节"元读启行"课时；开设英文素养课程，每周1课时，外教授课；在七年级开设每周1.5小时的英文戏剧表演课程等等。

4. 实现"课程+学生"的链接

在课程的实施与推动中，赋予了学生较多的选择权，让他们选择课时、选择课程、选择教师、选择班级，实行导师制，打破了班级制的管理模式，学生不再受制于某一个班主任或某一位任课老师，每一位老师都是任课老师，学生在导师带领下开展学科学习。学校结合九年一贯制教育特点，在实施"学长制"基础上开发了学校成长课程，学生不再是学习者的单一角色，在学习、帮助他人的同时，不断提高自己的综合素质。学校还与某大学信息技术学院的专家开展了数字化评价与学生自我效能感提升的课题研究，经过数据分析，学校会更加清晰地明确课程体系的变革在推动学生个性发展发展所起的作用。

二、整体设计多元课程，探寻让学生生长智慧的课程空间

学校以学生人文素养、学科素养、创新素养、艺体素养和社会实践综合素养五大核心素养培养为目标，将课程整合为基础必修课程、特色选修课程和个性先修课程，构建起学生九年培养课程体系。

1. 完善基础必修课程，完成学生九年的知识积累和品格的基本形成，形成人文和学科的核心素养

主要包括国家课程、人文课程、校本课程（英语素养课程、语文大阅读课程、物理引桥课程、数学引桥课程、自然科学课程、全课程、戏剧课程等）、德育课程（基础性课程、拓展性课程等）等。

在自然科学学科，对四至八年级科学学科与生物、物理和化学学科进行了有效整合，主要以现有小学学段科学课程教材为蓝本，参考生物、物理、化学等知识，增加实验项目、实践探究内容，更加注重自然科学课程与实际生活的联系，研究生命现象和生命活动规律。

物理引桥课程将学生较为熟悉的与生活有关的声、电等章节中的演示实验

等内容，整合放入七年级学习，即分解了物理两年内完成课程内容负担较重的情况，也完成了学生七年级对物理学科的入门学习，为未来两年的学习奠定基础。

人文科学课程使用国家统编教材，丰富课程内容，增加学生人文科学课时，学校开设人文科学课程，五至六年级每周2课时。整合原有同年级的品德与社会课程内容，丰富学生对中国人文知识的了解，深化课程体系。

语文阅读课程整合现行教材的重点篇目，增加时文材料学习，开展阅读主题学习，提高学生阅读量，编写了语文主题阅读教材《元读启行》。全书分为三个板块，分别是散文、小说和诗歌。在学习生活中，学生自发建立了阅读联盟，布置个性主题化作业、个性化阅读作业，这种设计减轻了学生的阅读负担，至今学校已出刊两期学生小说专辑《"元"小说》。

英语素养课程整合了六、七年级数学原有国家课程的内容，删减重复内容，缩短课时，增加英语素养课程课时，开发英文原版阅读教材，由外籍教师授课，提升学生阅读能力和听说能力，提升英语素养；2015年在区教科研中心领导的大力支持下，学校被授予"全国外语实验学校"的称号。

一至二年级始业阶段开设全课程，与北京十一学校分校北京亦庄试验小学共同开发研究全课程体系教材，打破了以往学科之间的关系，将知识课程高度整合和融合，一至二年级整合为全课程、数学、公民意识、英文素养4门课程。在全课程实验班，老师们每天和孩子们在一起学儿歌、读童谣、讲故事、唱歌曲、写生字、跳皮筋、扔沙包……课程变了，曾经枯燥无趣的教材浓缩为一本本精美有趣的歌谣绘本故事。经过一年的实验，我们初步统计，学生会认识811个字，会写442个字，总共是1253个字，而学生学完苏教版语文教材一年级上下两册总会认识440个字，会写427个字，总共是867个字。实验发现孩子们识字量大大提高，阅读和写作能力也有了提升。

2. 丰富特色选修课程，完成学生九年的特质培养，形成艺体和社会综合实践的核心素养

主要包括艺体课程选课走班、成长课程、社团课程、社会实践课程、文学院课程、书画院课程、体育院课程等。

学校艺体课程注重培养学生良好的审美情趣和人文素养，引导学生树立健康第一的思想，着力提高学生的学习能力、审美能力、创新能力和健康水平。

学校结合九年一贯制学校特点，建立了"1+1+x"课程体系，即通过国家课程的校本化实施、学校课程的开发以及艺体社团、实践活动的开展，提供丰富而适性的课程，满足不同层次学生需求。学校在一年级开设足球课，在一至四年级开设橄榄球课程，在七、八年级开设网球课，在四、五年级开设古典吉他课等富有特色的艺体课程，建立了艺体评价手册，采取学分制和学院制管理，激励学生不断学习、成长蜕变。学校橄榄球队参加了2015亚洲七人制橄榄球锦标赛展演，获得学校最佳组织奖；同年九月，学校迎接了新西兰豪斯维尔学校橄榄球访问团来访交流；十月，学校参加2015年青岛市体育大会青少年橄榄球比赛，获得U8组亚军、U10组亚军。

2015年，学校建立了文学、书画和体育三大院，采取学院制管理体制，将具有艺术、体育等方面特长的学生，根据学分制的管理情况，择优逐级进入学院开展学习交流活动，大大提高了学生的主动性与参与性。

3. 创设个性先修课程，完成九年的创新素养培养，初步形成在某个学科领域的个人职业规划

作为一所九年一贯制学校，学校将学生"3D"创新教育创新能力培养纳入整体课程建设，实现了课程体系的九年规划架构。从信息技术课程、"3D"校本课程、NOIP程序设计课程到"3D"magic软件等课程，构建了完整的"3D"课程体系。建立了"张丰华'3D'创意工作室""赵钰阳机器人工作室"等十余个学生特色工作室，与高校联合，引进博士，建立课题组，加大"3D"课程的研发以及学生创新能力培养的力度。

创建博士工作室。2015年，学校借助全国知名高校创建了五个博士工作室。博士工作室聘请高等院校、科研机构专家担任工作室主持人，启元学校教师担任助教，一起搭建高层次创新平台，为学生量身定制个性化学科特色课程和课题研究，制定学科培养方案、目标，确定学科领域方向，开展课题研究；打破常规教学，创新实验教学；改革教学内容，形成学科特色课程；组织学科考察活动，培养学生实践能力。

三、建立学校课程建设管理与评价机制

积极探索推行综合素养评价。根据教育部和市、区关于推进普通中小学教

育质量综合评价改革意见，结合我校的实际状况，为全面加强学生核心素养的综合评价。学校拟定了《青岛启元学校学生综合评价指标体系实施方案》，采用学分制的管理办法，创建了"启元学校学分银行"，实施学分积累和兑换制度。学生获得的学分经认定后存入"学分银行"，累积到一定程度可申请将积累在"学分银行"的学分兑换为相应价值的"启元币"（小学部低中年级）；也可以进行储存升级，升级后可累计更多的学分；也可申请参与学校各工作室活动，甚至兑换购买相应价值的物品（图书、学习用品等）；在评优选先、外出考察学习、弹性学制管理等方面"启元币"都发挥了重要作用。

三年来，学校先后承办了青岛市和市北区的教育观摩现场会，接待了来自全国众多的教育同行。学校以"情注九年，奠基一生"的育人理念为核心和育人目标，逐步构建起了适合学生成长规律的、适合本地域学生特点的、适合学科教学规律的、立足培养和提高学生核心素养的"启·元"课程体系。课程改革，改变的是课程，改写的是人生。

引
领

　　学校不仅有培养学生、促进学生成长的义务，而且还有培养教师、促进教师专业发展的职责。校长们既应当强调"生本"，又要重视"师本"。教师是学校改革发展最宝贵的人力资源，新课程改革对教师的教学行为提出了许多新要求，教师必须尽快地从传统的角色中走出来，成为新课程的研究者、实践者和创造者。教师专业发展质量决定一所学校教学质量。校长作为教师专业发展的重要责任人，要尊重、信任、团结和赏识每一位教师，要将学校作为教师实现专业发展的主阵地，尊重教师专业发展的规律，激发教师发展的内在动力。

让民主成为共同的信念

——教师民主管理的思考与实践

国科大青岛附属实验学校　李全慧

教师在学校教学工作中起着主导作用。如何调动教师的主动性、积极性和创造性，是校长必须认真考虑的问题。根据麦格雷戈 Y 理论中对人性的假设，学校实行民主管理，让教师参政议政，可以激励教师最大限度地发挥出智慧、经验和创造力，为达到学校的目标而努力工作。因此，现代学校管理必须尊重教师，让他们充分参与管理，成为学校管理的主体。

一、加强三项建设，打造教师民主管理组织

1. 加强教职工代表大会建设

学校高度重视教职工大会的民主建设，将教职工代表大会作为教师参与民主管理的基本形式，工会主席和工会委员由教职工公推直选产生，教职工代表均是在教师自主报名的基础上竞争当选。尊重并发挥教职工大会的职权，学校发展规划、年度报告、重大改革方案等，都按规定向教职工大会汇报，并根据大会提出的意见建议进行修改调整；与教职工利益直接相关的事项，均提交教职工大会讨论通过，及时在校务公开栏公开结果。

2. 加强学术与师德委员会建设

教师的职业特点决定了其参与学术研究和专业培训的重要性，需要有一支团队予以引领。学校组建了"学术与师德委员会"，民主推选师德好，教学业绩突出，深受学生欢迎、同行好评的教师代表担任委员。委员会作为教师自治团队，承担了职称评审、业务评价、评优推优、指导促进教师专业道德成长等

职责。委员会的主任和副主任都是普通教师，每周参加学校干部办公例会，享受学校中层干部待遇。"学术与师德委员会"成为学校行政管理的有力补充，极大地发挥了一线骨干教师的作用。

3. 加强级部团队建设

学校将工会小组与团队建设相结合，组建了级部团队。级部团队成为最基层的民主组织，实行团队组长负责制。每学年学校进行人事安排时，首先进行级部团队组长的竞聘。由组长根据教师自主申报的工作岗位需求，行使选择教师、组建级部团队的权力。级部团队成立之后，组长组织团队成员制定团队发展目标，制定团队发展规划和评价方案。学校将级部团队组建、考核、评估的管理权下放，激活了级部团队自身的管理活力，实现级部团队发展和教师发展的紧密互动。

二、制度建设保障，确保教师民主管理权的行使

1. 加强学校章程建设

学校章程是学校运行和全部工作开展的依据。为确保教师民主管理组织的运行，学校组织教师修订章程，将民主管理内容、自治管理组织运行规则、民主管理形式等在学校章程中予以确定，实现依法治教。

2. 加强配套制度建设

以章程为依据，学校在充分征求意见的基础上，修订形成一整套规范和制度。比如，为将教师监督行政干部的任务落到实处，学校出台了《干部监督实施细则》，明确监督内容与措施，用制度保障教师对校长工作的检查督促；为使教师的诉求能及时得到解决，学校建立教师申诉制度，维护教师的合法权益；为保障教师的民主权利，学校调整了公平表决机制，使校长与教师一样，平等投票……一系列教师民主管理制度的实施，使教师的民主权利得以尊重与保证，民主意识和集体荣誉感不断增强。

三、立足学校实际，开展学校民主管理特色活动

1. 定期开展金点子征集活动

通过征集"学校管理金点子"的方式，及时听取、采纳教师的意见和建议。例如，学校针对教师提出的给班级设立卫生橱和学生储物橱的建议，为每

一间教室设计了集书橱、卫生橱、学生个人储物橱于一体的组合橱。教师的意见得以采纳和实现，激发了教师参与学校管理的热情，增强了教师参与民主管理的意识和能力。

2. 自主开展职称评审

"学术与师德委员会"成立后，教师的职称评审工作由委员会负责组织开展。委员会主任列席参加区里的培训会，会后带领全体委员研究文件精神、出台评审标准、组织自主申报、整理审核材料、开展民主评议。以往的职称评审由校领导组织，即使过程再公正透明，评审后也会出现不和谐的声音。但"学术与师德委员会"的成员都是民主推选的来自一线的普通教师，无形中增强了评审的认可度。评审结束后，学校还组织参评教师座谈会，开诚布公地与教师探讨成功与失败的原因及改进方向。近年来，学校职称评审工作一直能平稳高效地完成。

3. 坚持开展教师宣誓活动

学校把教师誓词的征集作为增强教师民主管理意识的重要途径，由"学术与师德委员会"在全体教师中广泛征集，经全体教师评选，形成了学校教师誓词。每学期的开学典礼上，"学术与师德委员会"主任都会带领教师集体背诵誓词进行宣誓，深化了大家对教师职业道德的认识，增强了教师的主人翁意识。

4. 实行项目校长管理制度

基于"面对学校的发展，人人都应有同等关注和参与的权利"的民主管理思考，学校推行项目校长管理机制。比如，学校请全体教师推选能够承担改建教师阅览室任务的"项目校长"，具有时尚感的辛老师当选。从阅览室的房间布局规划到内部施工，"项目校长"一手把关，学校全力配合。一个月后，温馨、雅致的"教师书吧"建成，成为学校一道亮丽的风景。再如，新招聘来的体育孙老师年轻、阳光，对改善学校体育工作充满了设想。学校委任其为课间操的"项目校长"，严谨的队列训练、标准的动作指导、新颖的环形跑、嘹亮的特色口号……在他的带领下，课间操充满了活力与激情。

实现教师民主管理的关键在于校长要让渡权力，把权利让渡给教师、让渡给学生。如果一所学校的每位教师都以主人翁的姿态工作，那么在这所学校里，受益的不仅仅是学校，更是参与其中的每一个人。我们将继续在民主管理的路上前行，努力把我们的学校办成一所让孩子快乐、让教师幸福、让人民满意的学校！

"互联网+"教育：再造师生的自主发展

山东省青岛第二中学　李晓轮

山东省青岛第二中学（以下简称青岛二中）秉承领先一步、追求卓越的创新理念，坚持办学生发展需要的学校，形成了信息化支持下的师生特色发展模式：以校园信息化管理平台为依托，推进学生自主选课和教师在线培训；以媒体中心数据资源建设为依托，支持师生教与学的个性化需求；以微信、微博等现代社交媒介为依托，实现教师与学生、家长全天候教育互动；以教育云平台和电子书包开发为依托，推动学生学习方式的变革。

一、以信息化实现管理精致化

学校信息平台覆盖全面、功能完善，逐步实现了资源、管理、服务的系统整合，各职能处室在信息化条件下提高了为师生发展服务的效率。

（一）学生自主选课促进校本课程质量提高

为了更好地支持学生优势智能发展，学校对100多门校本课程建成网上自主选课和动态管理系统。学生和家长可以远程登录学校选课系统，全面了解课程简介及课程开设情况后进行自主选课；同时，教师可以通过选课系统了解学生对自己开设课程的选课情况，针对学生的需要，完善并研发校本课程。学生在课程学习结束后，通过该系统对课程和任课教师进行在线多维度评价，学校通过大数据分析加强对课程的过程管理，根据课程等级评价制度，奖励学生喜爱的精品课程，淘汰不受学生欢迎的课程，保障高质量校本课程对学生发展的支持。

（二）在线培训满足教师个性发展需求

学校自主研发"青岛二中教师发展电子系统"，从教师发展的日常管理、选课培训及学分认定、综合评价等方面，关注教师发展需求，保障教师培训质量。学校在教师培训资源方面完成数字化建设，将理论与实践培训、国内及国外培训、入职教师及骨干教师培训等资料整理后全部转化为电子课程，并实现基础课程、高端课程、特色课程等分级、分类管理。在此基础上，学校通过建设课程视频点播平台，逐步实现教师在线培训，教师根据自己的需要，随时随地循环学习自己需要的课程。根据大数据记录分析，教师对牛津大学培训、新加坡弗莱士学院培训、卡内基培训等课程点播率最高。

二、以信息化实现资源多样化

学校成立青岛二中媒体中心，将纸质书刊（报）、数字期刊、电子图书、网站、网络公共资源等媒体资源整合，为师生教与学提供高效服务；建设网络教学视频资源平台，鼓励师生原创，形成富有学校文化特色的网络课程。

（一）借助数字媒体建设，即时为师生提供信息服务

学校在山东省内首家自主引进CNKI中小学数字图书馆，极大地满足了师生对信息的前沿、全面、连续、动态、更新的要求，在辅助教师备课及师生撰写论文、开展研究性学习和课题研究等方面提供了丰富、准确、即时的信息资源。据初步统计，三年来的使用总次数91316次，检索总次数达56488次，文献下载量21553篇，该数据库已成为师生教与学必不可少的助手。学校建成图书馆门户网站，开通微博、豆瓣等社交媒体公共账号，引进电子期刊阅览室、电子图书借阅机，为读者提供约三万册电子书的免费移动阅读服务，师生可利用移动终端登录"青岛二中数字图书馆"，随时随地在线阅读。

（二）开发视频资源，满足学生差异需求

我校作为发起学校加入C20慕课联盟，积极开展微课研究。学校成立了以骨干教师为主的微视频制作团队，确定不同学科重点攻关项目，开展微视频制作课题研究。针对学生课程学习中的重点难点，教师搜集互联网中适合的视频资料，或自制视频，甚至将学生创意的理解和思考制成视频，上传至校园网或电子书包，形成网络课程，供学生自主学习和教师教学研究使用，实现了课程内容的艺术化、生活化和直观性。这不仅方便了全体学生使用，还为生病在家、课程学习有困难等学生的学习提供了支持。我校教师制作的微视频多次在

全国微视频大赛获一、二等奖。

三、以信息化实现发展自主化

学校建立了青岛二中官方微博和官方微信、年级微信公众号、班级QQ群和微信群等面向不同群体、个体的互联网交流平台，极大拓宽了学校与学生、家长、社会的交流渠道，满足了学生定制教育的发展需求。青年教师发挥其信息化方面的优势，开通了特色鲜明的公益教育服务平台，面向社会，支持更多学生主动发展的需要。

（一）实施年级"微爱行动"，实现节假日师生互动零距离

为了满足学生在节假日对学习和生活等需求，给不同学生发展提供个性化指导，学校全面启动基于互联网的"微爱行动"。从2015年寒假开始，借助年级微信公众号，全体教师从假期计划落实、课题研究进展、公益活动实施、学习答疑解惑，甚至是思想与生活细节指导等方面，实现师生网上互动，将教育的触角伸向学生需要的任何一个领域的任何一个角落。学生在国外将数学疑难问题拍照上传，教师在青岛将解析指导拍照传回；教师带领学生在科研院所开展课题研究，北京专家通过手机观看视频即时指导学生实验……据统计，寒假期间，三个年级微信公众号关注人数达3000人次，实现了爱在零距离，情存师生间。

（二）教师充分借助社交媒体，实现为学生个性发展助力

学校教师不断创新教育形式，服务学生个性学习和教师的个性教学。刘彩梅老师开通"跟梅姐学高中英语"微信公众号，不仅为本校学生，还为其他省市学生甚至社会人员教授英语学习方法，答疑解惑，累计关注人数达7000多人，体现了教师的社会责任感。姜洪顺老师建立"生问姜答工作室"微信公众号，及时向学生、家长传递教育信息、解读教育新政；通过"生问姜答学习共同体"微信群，介绍高中生物复习方法，对学生进行个别指导。丁娟老师通过"飞信"开展班主任教育工作，实现了对学生一对一的个别化教育和对家长的家庭教育差异性指导。

四、以信息化实现学习个性化

在教育信息化背景下，借助互联网技术、智能终端设备以及教育云平台的支持，学校在高一年级各学科试点探索，逐步形成了基于互联网的"生学为本、合作内化、师教为要、点拨升华"的课堂教学模式，以导学任务单驱动学生的自主学习，以层级式问题驱动学生的合作探究，以学习数据分析驱动教师的按需教学，以课堂即时评测和成果分享驱动知识内化，提高了学生自主学习和合作学习能力，赢得了教学质量的最优化和教学效益的最大化。

（一）基于互联网的课堂教学特色

1. 基于学习任务单的课前自主与合作学习，实现"生学为本、合作内化"的教学原则

以学生的学习为根本，学生利用平板电脑通过云平台接收学习任务单，基于资源进行个性化自主学习，基于生生互动答疑形成学习共同体，生成的学习问题为教师备课和有针对性的教学提供参考。

2. 教师云端协作备课，实现"按需备课、高效备课"

针对课前学生自主学习情况，教师利用云平台进行大数据分析，及时了解学生课前自主学习中遇到的共性问题，有针对性地设计或调整教学；基于时间轴的备课机制使得教与学的活动更加明晰；电子教案的共享功能为教师更高效地备课提供了有力的支持。

3. 基于课堂交互系统的讨论互动，实现"师教为要、点拨升华"的教学原则

教师利用云平台展示有价值的问题；学生利用电子书包资源查阅资料，讨论解决问题；学生合作讨论的成果利用平台进行实时共享；学生对不同观点提出疑问，产生思维碰撞，达到学习升华效果；教师通过实时课堂测评，对结果进行数据分析，对学生有针对性地进行个性化指导。

（二）基于互联网的课堂教学成效

基于互联网的课堂教学利用现代信息技术手段，突破了传统课堂的边界，改变了传统的课堂组织形式和师生角色，真正使"信息技术对教育发展具有革命性影响"走向现实。这主要体现在：教学由传统的"先教后学"变成了"先

学再教"，注重学生对知识的深化与内化，侧重培养学生的思维能力，同时促进了学习者自主学习能力和合作学习能力的发展，充分体现了学习者的主体地位；以学生问题来组织教学内容，课堂教学效率显著提高；同时师生的信息化素养也得以明显提升。

2014年10月底，在青岛市高中教学工作会议上，我校语文、物理学科教师进行了基于互联网的课堂教学展示，得到了与会人员的一致好评。

五、存在的不足

校园网亟待升级改造。青岛二中现有网络始建于2000年，虽然经历过几次网络改造，但已经使用多年，线路老化，各种软硬件配置相对滞后，校园还未实现无线覆盖，校园网现状已远远不能满足现有需求。学校克服资金困难，已经将校园网升级改造项目列入预算，升级改造完成后将会极大地推动学校信息化建设。

学校现有数字化校园门户平台与自主研发的各种管理平台数据不能兼容，存在数据孤岛等问题。下一步学校将进一步与相关公司研讨、论证，实现数据的标准化和统一交换。

教师的幸福在哪里

青岛西海岸新区琅琊台小学　王翠香

一次偶然的机会，一个非正式的场合，我听见了这样一句话："教育上个个精兵强将，人人身怀绝技，处处藏龙卧虎，但就是不出活儿！教师挺好的日子不会过！"

教师的幸福在哪里？我自学校来，当知学校事，不禁对学校管理产生了深度思考。

学校管理就是通过标准职业价值观的导入、职业心态的调整和高绩效团队的打造，让教师们把正确的观念变为信念，正确的行动变成习惯，以过硬的综合素质和创新的教育理念来获得成功。学校管理必须完成两大任务：一是实现学校工作目标，促进学生全面发展；二是满足教师需要，促进教职工的和谐发展。两手抓，两手都要硬，否则，教师的幸福感从何谈起？

据调查，有些教师似乎已经对许多美好的事物失去了感受力，情绪状态始终被担忧、紧张、恐惧、焦躁、抑郁所主宰，害怕星期一，喜迎星期五，职业倦怠感严重，不少青年教师也是不思进取……造成这种状况的原因很多，譬如高职低聘、职称晋升门槛太高，这样的心理状态极其不健康，小而言之，影响教师职业生涯的幸福，大而言之，毁及国家一代甚至几代人才。

其实，改变这种状况并不难。

一、学校干部必须做一个团队型领导，具备——

一种风格：能在实现学校团队目标和满足成员需要之间进行有机的动态协调。不能只让马儿跑，不让马儿吃草。在实现学校目标的同时必须兼顾两个平衡：工作与家庭的平衡，集体与个人的平衡。让教师对学校产生依恋，而依恋往往与责任同生共存，无处不在。

两种表现：第一，对下属有亲和力，乐于分享手中的领导权，鼓励下属参与决策；善当教练，能培养下属的领导才能，"己欲达，先达人"，促进下属迅速成长。第二，对自己，不甘现状，不怕超越，不断学习与进取，做到人无我有，人有我优，人优我换频道；困难面前意志坚定，行事果断，披荆斩棘，勇往直前，真正做到"领导带头，万事不愁"。

三种心态：

宽容——领导不可以议论教师、操纵教师，不可以代替教师做决策，必须让教师们发现他们有来自学校领导的诚意和关怀。金无足赤，人无完人，对待下属切不可求全责备。心理距离是一种感觉，看不见，摸不着，但要让教师们感觉到：你离我很近，你在我心上。

奖赏——恩不辞细，怨不辞小，不要以为下属无需奖赏也会尽全力。奖赏、赞美的意义很大，一个人会因激励而改过，不会因责骂而改过。但奖赏必须有原则，不可随随便便，一定要事出有因，奖罚得当，大功大奖，小功小赏，无功不赏，从而造就一种积极健康的行为导向，来引导众人行为。

付出——执行力是靠高度的责任心"干"出来的，是靠开拓创新"闯"出来的，是靠脚踏实地的工作"拼"出来的，是靠以身作则"带"出来的。

二、学校教师必须引入标准职业价值观，做到——

对工作敬业，对学校忠诚；对领导服从，对自己自信；对同事欣赏，对社会奉献。

（一）多激励——让教师愿意工作

了解教师的心思，帮助教师准确定位。教育是教师一生要从事的事业，与其在怨天尤人中度过，不如寻找新的生长点，加强学习，经常学习，让学习成为习惯，让学习改变工作状态、生活状态，提升人生品位，提高人生境界，增强工作的责任感，提高专业素质，使科学知识生活化，繁杂知识简单化，枯燥知识趣味化，书本知识个人化。对教师而言，成长是硬道理。

认识激励概念，把握激励规律。激励就是一个"要我做—我应做—我要做"的动态过程，前者依赖管理制度，后者靠的是激励。唯有适当的物质激励与精神激励才能最大限度地调动员工的积极性与创造力。但必须把握规律，循序渐进：了解需要，分析偏好；选准时机，有效激励；兼顾利益，协调目标；反馈监控，修正方案。

（二）巧协调——让教师做人际关系的高手

有专家称，"人际关系是第二生产力"。教师要顺应时代潮流，与时俱进，建立职场人脉，做一名人际关系的高手，让身边的人、远处的人，都成为朋友，而不是处处树敌。

开展生涯规划教育 为学生多元发展导航

山东省华侨中学 姜 鹏

《国家中长期教育改革和发展规划纲要》（2010—2020）明确指出：推动普通高中多样化发展；促进办学体制多样化，扩大优质资源；推进培养模式多样化，满足不同潜质学生的发展需要。

一、开展生涯规划教育势在必行

现在不少学生认为大学毕业后，就会有一份坐在办公室里的体面工作，所以很多高中生都把高考作为一种无法逃避的、不得不面对的任务，学习积极性和学习欲望低。高考结束进入大学后，变得异常放松，对于本科或者专科期间的学习，更加缺乏兴趣和动力。所以生涯规划教育不仅要面对大学毕业生，更应该从高中就开始进行职业规划，让学生从"要我学"到"我要学"。

2014年，教育部启动了考试招生制度改革试点，2017年全面推进，到2020年基本建立中国特色的现代教育考试招生制度，形成分类考试、综合评价、多元录取的考试招生模式。在改革的内容中，尤其重要的是高考综合改革试点。高考综合改革的内容中首先是考试科目设置的改革，语数外统考，而其他六科则是由考生根据报考学校的要求和自身特长自主选择。再者就是招生录取机制的改革。要求高校根据自身办学定位和专业培养目标，提出考生高中学业水平考试科目要求和综合素质评价使用办法，并提前向社会公布。目前在试点中的浙江和上海，语数外统考，然后根据大学的专业要求，选择专业需求的3门其他学科的成绩计入高考总分，进行录取。

山东是第二批试点地区，急需对学生进行生涯规划指导，要求学生能够根据自己的实际情况，提前确定自己的专业方向，并根据专业和高校的要求，选出3门学科，并努力学好。为了迎接新的挑战，我校从多个方面进行了大量的改革与尝试。

二、多方联动进行生涯规划教育

（一）家长层面：家校沟通架桥梁

相信大多数高中生并不愿意与上百万的同学挤高考独木桥，但面对高考又非常无奈，为什么？因为大多数高中生以及家长，甚至包括相当一部分老师，都并不清楚除了正常高考，高中生还有什么途径可以进入理想的大学学习。信息不对称造成了视野的狭隘，进而限制了高中生及其家长、老师对其高中三年学业的整体把握和规划，从长远看就进一步影响了高中生的升学和将来的就业。简单一点说，就是信息决定规划，规划决定命运。我们通过新式家长会帮助家长和学生认识到生涯规划的重要性及如何科学地进行生涯规划。

新式家长会的基本程序是：小组节目（感恩表演为主）—课堂展示（30分钟）—小组长分组汇报—班主任发言—家长提建议—家校交流。我们还特别增加了家长听课环节，让家长实时实地观察孩子的表现，了解老师的授课方式，大大提高了家长的参与热情。我们将学生的未来发展规划作为家长会的必须议程，由班主任精心设计讲解。另外，为延续家长会的效果，我们还精心印制家庭教育培训材料，材料涉及高中生的人生规划、学习、生活和心理健康等多方面知识，将家长会的影响持续酝酿发酵，收到了非常好的效果。家长不但在家长会上得到了培训，回家也可以自学家庭教育知识。家长会做通了家长的思想工作，解决了家长的后顾之忧，也为学生的多元化发展打好了第一个基础。

（二）教师层面：教师培训助发展

为了能对学生的生涯规划做出科学指导，我们定期邀请知名校友、高校专家、社会人士、学校领导开展讲座辅导，并针对全体班主任进行"高考之路"培训，让所有的班主任都清楚高考的所有途径，并将针对学生的各种高考专题讲座分配给班主任，由班主任准备材料并召开讲座。高考专题包括：何为自主招生；什么是春考；美术高考如何考、如何准备；体育高考有哪些途径；什么是文化管理、如何准备如何考；音乐高考；招飞高考；高考新政解读。印制材料与专题讲座同步进行，班主任在搜集材料的同时了解了高考，既能正确解答学生和家长提出的疑惑，也能做出科学的规划指导。

（三）学生层面：选苗育才成多元

在成功的道路上，如果你有三种以上的目标可供选择，那么最佳选择往往不是最绚丽动人的那一个，而是离你最近、最容易实现的那一个。因此在设定目标时，目标的难度要符合学生的实际情况，即初看之下似乎不容易实现，可是又要对学生有足够的吸引力，能让学生愿意全心全意去完成。

每个学生都有自己的专长，离学生最近、最容易实现的那一个目标肯定是其专长，所以让学生发现并了解自己的长处很重要。我们在高一的美术课上选拔美术苗子，体育课上选拔体育苗子，音乐课上选拔音乐苗子。学校再通过组织丰富多彩的社团活动，让学生把自己的特长无限放大，为以后的专业考试早打基础。

高二下学期，有的学生由于学习动力和习惯问题，总成绩比较差，我们认真分析后发现，有些学生的语数外成绩还比较不错，所以我们鼓励他们走春季高考道路，因为春季高考文化课考试只考语文、数学和英语，并且题目比较简单，他们比较容易拿到高分。但专业考试怎么办？我们经过广泛调研和商讨，最后决定采取集中培训和定期培训相结合的方案，这样做既能保证他们不落下语文、数学和英语的学习，又保证了他们的专业知识学习质量。

文化管理是近年一个比较热门的专业，在学生高二升高三之际，我们请来了专业老师对学生进行指导，并制订了详细的文化课学习和专业培训计划，利用暑假、寒假，结合学生实际情况跟部分大学进行合作，学生专业学习跟文化课学习交替进行，取得了很好的教学效果。这种操作模式受到了家长和学生的广泛欢迎和支持。

除了春季高考与文化产业管理，学校在具有传统优势的体育与美术方面也做出了大胆的尝试，依托体育招生政策优势，紧抓健美操、武术、篮球、足球和中长跑等传统强项，又积极开展新项目橄榄球，并很快在橄榄球方面取得了重要突破。

三、生涯规划教育成果全面开花

学生进入高三后，我们为了更有利于学生的多元化培养，将班级重新调整，调整后形成了普理、普文、艺术理、艺术文、春考和体育六类。针对不同类别的班级，我们因材施教，既注重专业课的教学，又不放松文化科的教学，为学生的成功做好了最后的保障。

在2016年的高考中，我校在文化科、艺考、春考、体育等方面全面开花。文化科方面，排名在全市4000名以后的学生拼搏三年超越了3000名，几位同学进入了全市前1000名；艺考方面，124名考生报考艺术类，本科上线110人，达线率89%，理体类共28名考生，26人达本科线，达线率93%；春考方面，最好的个人高考总成绩达到了全省第4名；体育方面，考取重点高校的有中国海洋大学2人、中山大学1人。

中学阶段是一个人认识自我的重要时期，生涯规划与中学生的身心发展相一致，学生可以根据自己的具体情况，选择自己的职业取向。我校坚持聚焦"适合教育"的研究与实践，秉承"为每一个学生的健康发展创造无限空间"的教育思想，坚守教育之道，努力追求教育本真。"多元化发展"满足了学生个性化学习和发展的需要，使学生得到了充分的发展，为其将来的健康成长和幸福人生奠定了基础。

内修

　　学校是一个教育的集体，是一个层次繁多且较为复杂的结构。通过一些刚性的方法来加强学校的管理，有助于协调各要素之间的联系，从而促使其形成最佳结构，产生最大的合力，发挥最高效率。学校的科学管理是一个系统体系，在这个体系的构建过程中，校长无疑是核心掌舵者。校长应富有主动性、积极性和战略眼光，对学生的需要、学校的需要、家庭的需要和国家社会的需要具有敏锐性、远见卓识和开拓精神，要运用科学的方法和手段，通过计划、组织、指挥、协调和控制等活动，充分发挥人力、物力、财力、信息、时间的作用，对特定的对象施加有效影响。

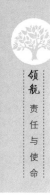

一心为公　成就大我

山东省青岛第五中学　李　红

我们把人生想明白，做的事往往就是对的；若想不明白，做事就糊涂，人生就迷茫。把"追求什么"确定为人生的灯塔，这决定了我们人生的航向。

一、一心为公，一身正气，成就大我

学校要营造风清气正的工作生态，干部必须以身作则。如何练就一身正气？需要内心光明磊落。孔子说："君子坦荡荡，小人长戚戚。"陶行知说："捧着一颗心来，不带半根草去。"心底无私天地宽。如何练就一身正气？需要自身行得正做得端。"其身正，不令则行；其身不正，虽令不从。"

学校每周组织一次"松香兰韵"干部成长讲堂，通过政治学习、业务切磋、读书分享、案例研讨、工作复盘等版块的交流学习，培养、锤炼德才兼备的干部队伍，为教师队伍成长树立榜样。

二、一心为公，在取舍中顾全大局，成就大我

老子说："天长地久。"天地无私，所以长久。

干部在工作中往往会面临很多次取舍，取舍时要衡量，我们取舍的标准是有利于个人利益还是有利于学校利益？这是对干部格局的一种考验。若取舍时贪图自我利益，每次个人形象便随之矮一分。长此以往，工作没少干，但是只有小我。若取舍时将学校利益最大化，顾全大局，每次形象便随之高一分，日积月累，成就大我，同时实现个人利益最大化。不计小利，方能谋大利；不计短利，方能谋长利。

三、一心为公，抱定人生不等式，成就大我

人的天性是喜欢增加而不喜欢减少，喜欢获得而不喜欢舍弃。但是，很多时候，减少和舍弃会让我们过得更好。这恰是老子的主张：少即是多，无即是有。

按照人的天性，人生的不等式应该是收获大于付出，这是很多人的希望。但这个不等式却违背了自然界的规律，自然界的规律是奉献多于索取。所以，当很多人在人生中、工作中满足于收获大于付出并因此而沾沾自喜之时，实际上已经违背了自然规律，打破了平衡。打破平衡的结果就是《易经》所说："德不配位，必有灾殃。"那么早得到的、不应得到的，必然会以另一种方式失去。

因此，我们必须遵循自然规律，抱定人生不等式：付出大于收获（物质名利等），厚德载物，在付出与奉献中体现我们的人生价值，造福学校、学生、老师。

四、一心为公，在不忘初心、砥砺前行中，成就大我

政治上成熟。增强"四个意识"：政治意识、大局意识、核心意识、看齐意识；坚定"四个自信"：中国特色社会主义道路自信、理论自信、制度自信、文化自信；做到"两个维护"：坚决维护习近平总书记党中央的核心、全党的核心地位，坚决维护党中央权威和集中统一领导。为党育人，为国育才。五育并举，立德树人。

思想上成熟。做一个温和而坚定的人，内心坚定有力量，不被各种评价所左右，不做老好人，凡事坚守原则，恪守心中的准则：有利于学校，而不是自己或者某个人。做一个有思想的人，用智慧化解工作及人际关系中的矛盾和难题，不断改进工作方式方法，增进管理水平，追求管理艺术，提升人格魅力。

情绪上成熟。不以物喜，不以己悲。全身心投入工作，学会调节自己的情绪心态，不急不躁，举重若轻，心中有丘壑，外圆内方。

时刻牢记我们踏上教育工作岗位的初心，是我们职业生涯中一直要做的功课。为党的教育事业，为学校的发展，为师生的成长，为自己价值的体现而持之以恒地奉献自己。牢记这颗初心，我们无论遇到多大的困难，都会砥砺前

行，成就大我。

五、一心为公，在责任担当、团队合作、完美工作中，成就大我

每个成就大事的人，背后都有无数双手的力量，都有众多人的帮助。

凭什么？责任担当。能担多大事，就能成多大事。我们的心是在担责中变大的，肩膀是在担责中宽阔起来的，脊梁是在担责中挺立起来的。

凭什么？团队合作。团队中要互相补台，互相提醒，集思广益，群策群力。团队强，个人强。团队成功，个人成功。

凭什么？完美工作。工作是做人、做事的平台。做事要精益求精，力求完美。做人要宽以待人，严以律己。

六、一心为公，在各美其美、各司其职、美美与共中，成就大我

团队中的每个人各有所长。学校干部要熟悉每位教职工的擅长点，从工作角度和人的成长角度出发，引导、帮助教职工找准自己的定位，在合适的岗位上，干部、老师、后勤人员才能更好地发挥自身的专长。有了正确和明确的定位，每个人才能更好地体现自身的价值，为学校发展服务。

大自然和社会都靠秩序运转，学校的内部管理也不例外，需要建立并不断完善秩序，每个人各司其职，各项工作才能有条不紊地推进。

完善管理秩序。学校要细化每位干部的分工，清楚各自的职责，互相补位。坚持干部周报制度，回看工作并反思。坚持办公会工作讲评制度，更好地完善管理和加强团队合作。坚持干部每周听评课及反馈制度，找榜样、整改问题。加强团队合作，坚持各部门每周处务会制度，协调工作，提高服务质量。学校借助每年一次的"三定一聘"工作，通过科学、合理设置岗位，同时完善制度建设，不断优化内部管理秩序。

完善梯队管理。组织德才兼备的老师成立学术委员会，高位引领全校教师的师德和业务成长。培育"一组一品"的"松兰"文明组室，用教研组的文化力量带领老师前行。成立名班主任和名师工作室，发挥名班主任、名师的辐射带动作用。成立骨干教师"松兰班"和青年教师"明德班"，制定发展规划，明确发展方向。培养教辅人员发展为"松兰服务明星"，提高服务一线的工作品质。

七、一心为公，在民主中，成就大我

学校的核心竞争力就是每位教职工长处的总和。只有人尽其才，人尽其用，人履其职，我们的核心竞争力才能最大化。

要充分发挥教职工的工作积极性，就要在学校管理中充分发扬民主，充分发挥教代会的作用，群策群力，调动教职工一起把学校的事情办好。凡遇到涉及学校利益的大事，一定开支委会、校务委员会、办公会充分讨论，听取意见，权衡利弊，统一思想再做决策。凡遇到涉及教职工利益的大事，一定开教研组长会、教代会听取意见和建议，同时引导教职工多从学校发展角度出发考虑问题。例如，在"三定一聘"和薪酬制度改革工作过程中，坚持各个环节公开、透明，不急于求成。学校将教代会代表分为六个小组，各组自己推选组长。学校将分配方案的各项内容分解到六个教代会小组。在各组组长的带领下，各组在全体教职工范围内，就自己分工的内容充分征求意见，讨论后形成合理化的提案。因此，最终形成的分配方案充分代表了教职工的利益，得到一致认同。教师通过教代会参与到学校的管理中来，真正体会到主人翁的责任和担当，既激发了教职工的工作积极性，又将此作为引领教职工高位思考、统一思想的大好契机，增加了团队的凝聚力。

班主任工作　想说爱你不容易

山东省平度第一中学　柳春荣

　　山东省平度第一中学（以下简称平度一中）是一所省级重点中学、省级教学示范学校、省级规范化学校。学校2002年迁入新校，经过多年风雨磨砺，教育教学成绩斐然，在社会上享有很高声誉。作为拥有百年历史的老校，它有着深厚的文化底蕴和独特的办学特色。然而，在日新月异的时代，在新一轮课程改革紧锣密鼓进行的今天，许多新问题也接踵而至。

　　班主任既是学校德育工作的中坚和骨干，又是使校内各种力量形成合力的纽带，学校工作千头万绪，各个部门的工作，几乎都离不开班主任的协调。班主任还是学校与家庭、社会联系的直接代表，是沟通学校、家庭和社会的桥梁。由此可见，班主任的工作质量直接影响着学校的工作质量，影响着学生的素质水平，班主任队伍至关重要。

　　受经济社会发展和人们价值多元的影响，如今老师们的思想也或多或少发生了一些变化，特别是受当前教育大环境严峻的影响，班主任队伍不仅存在政治素质、业务水平和工作能力参差不齐的情况，而且存在班主任数量不足、后备人选急缺的问题。究其原因，主要有以下几方面。

一、责任重大，不愿干

　　高中班主任工作量大、责任重，不仅承担着一般教师教学任务，还要承担大量复杂的学生思想工作。

　　一方面，教学工作容不得半点马虎。班主任作为学科老师，课要教得好，成绩还要突出，否则学生会挑剔、家长不认可、同行不佩服、领导不欣赏，为此，班主任需要付出巨大的精力研究教育教学。

另一方面，高中阶段学生年龄在十七八岁，正处于人生观、世界观、价值观逐步形成时期。受家庭、社会的影响，学生的思想多元，行为习惯多样，给班主任工作增添若干困难与风险。有的家长放任孩子，管不上或者根本管不了，不能很好地配合学校工作，使得班主任整天战战兢兢，思想压力巨大。有些班主任在工作中出现睁一只眼、闭一只眼，多一事不如少一事的思想，不愿管甚至不敢管，造成班级工作被动。

第三，班主任付出与收获极不相称。高中班主任要查早操，要看课间操，饭前课后要做思想工作，要给学困生补弱，午晚睡要查铺……工作时间几乎每天从早晨6点到晚上10点半以后，工作强度很大。超长的工作时间与超大的工作压力，使得老师们不愿干班主任。

二、为晋级评优，应付干

有个别教师，考虑评优秀、晋职称等需要班主任工作经历，可以在量化时加分，因而要求当班主任，但是因为动机不单纯，在工作中往往缺少积极主动、开拓创新的精神，满足于程序式管理，习惯于当学校政策的传声筒，工作无理想、没目标，不求有功，但求无过，工作缺乏开拓性、创新性。

三、年轻新手，不会干

有些年轻教师积极主动请缨当班主任，想锻炼自己。这些老师态度好，工作积极，办事勤快，非常努力，很想干好工作，但是，由于教育教学的方法、技巧、经验欠缺，或者是由于个人性格的原因，不易与学生及家长沟通，时间一长，学生不佩服，家长不维护，缺失了应有的威严。

鉴于班主任队伍存在的问题，我校积极探索，采取如下措施，以加强队伍建设，备足后备力量。

四、加强师德建设，明确教师的责任与担当

教师要做有理想信念、有道德情操、有扎实知识、有仁爱之心的好老师。坚定的理想信念意味着教师肩负着国家使命和社会责任，有了这样的信念，才能够给学生传播正能量。高尚的道德情操要求好老师应该取法乎上、见贤思

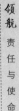

齐，不断提高道德修养，提升人格品质。扎实的知识要求教师不能只满足于师生之间"一桶水和一碗水"的知识传授关系，一定要培养学生的创新意识和创新能力。仁爱之心说明爱是教育的灵魂，教育的原点就是爱，教师肩负着立德树人的任务，有爱才有责任，爱教育、爱学生是每一个教师应尽的义务。学校通过各种会议宣传新时代教师的标准，引导教师加强学习，树立远大理想。

五、丰富班主任队伍建设的理念和思路

定期组织理论学习、专题讲座、问题探讨和反思性教育。学校为班主任每人订阅一份《班主任之友》，供他们学习借鉴；提供机会，让班主任参加各级各类培训，丰富班主任的理论素养；邀请专家到校进行班级管理、家校联合方面的主题讲座；组织班主任到名校参观学习，开阔视野。通过走出去、请进来，从理论到实践，学校形成了既有理论支撑又有实训内容、符合班主任工作特点和要求的校本培训课程。

六、开展各种活动，锻炼班主任队伍

一名人格高贵、情操高尚的班主任，就是一本最真实、最感人的德育教材，其人格渗透力将影响学生毕生的发展。基于这种认识，我校在班主任建设中做了卓有成效的工作。学校以《星级班主任》制度的制定和实施为引领，通过设立"班主任工作坊"，建设班主任协会、班主任荣誉周活动、"课题引领，研究发展"等班主任培养工程，激发和调动班主任提高职业道德素质和专业发展水平的积极性和主动性，创造让班主任相互包容、合作、互助、和谐的工作氛围，搭建拓展信息交流、展现才能、自我完善的个人发展平台，有效地促进班主任专业发展，班主任整体素质有了较大的提高。

班主任积极带领学生进行班级文化建设，充分调动各方面的力量和德育资源，借助精神文化、活动文化、制度文化、环境文化的营造，用鲜明的主题引领班级，用集体主义精神感化学生，用积极健康的文化氛围熏陶学生，用正确的价值观引导学生，用远大的人生理想激励学生。

每学期，学生处、团委和教导处都要依据《平度一中班级德育特色文化建设评比细则》，分年级评出五个星级文化特色班级。每个班级由三名学生用课件展

示班级文化的主题、途径和实效，很多班级的展示活动令评委和在场旁听的数百名师生啧啧称赞。班级文化建设有效地推动了良好班风、校风的形成。

七、典型引领，激发班主任自我成长

学校通过开展主题班会、家长会、班教导会、歌唱比赛、诗朗诵、演讲比赛等各项活动，让班主任有了充分展现自我的平台。各种活动中，班主任是领头羊，需要开动脑筋，寻找灵感，创新形式，带领学生努力争先，无形中提升了班级的凝聚力、向心力。每学期，学校都进行"生态班级"和"最靓丽的空间"的评选，激励班主任创优争先。

学校每学期进行两次班主任经验交流。在五项竞赛中成绩领先的班主任会在会上进行经验交流，从中推选出最优秀的上报更高一级评优评先。

每年九月，学校都会进行年度十佳班主任评选，在教师节大会上进行隆重表彰，学生到台上给老师献花致敬，让大家感觉到做优秀班主任的成就感和自豪感。身边的先进典型更容易让大家感知，大家学有榜样，干有标准，无形中形成了比学赶超的局面。

八、招聘副班主任，充实后备力量

为了加强班级管理，解决班主任工作过累和后备力量不足的现状，为班主任的发展创造更有利条件，根据平度一中工作实际，我们尝试实行副班主任招聘制。

（一）招聘条件

师德优秀，遵守教师职业道德规范，忠诚于党的教育事业，为人师表。能够胜任学科教学，身体健康，具有强烈的事业心和责任感，善于沟通，有一定的组织管理能力。教师自愿申请担任副班主任工作，经学校研究选拔，将一部分具有培养前途的教师，安排到适合的班级担任副班主任，任期一年，一年后重新招聘。

（二）副班主任的管理

副班主任是班主任的助手，接受包级主任和学生处的管理。学校在聘任副班主任后，负责对副班主任工作进行调研和指导。在教师工作综合考核中，副班主任取班主任得分的50%。副班主任的招聘任用和解聘权在学校。任期一年后，学校将根据所管理班级的发展状况、学生的评议和班主任的建议，做出其继续申请副班主任、终止申请副班主任或担任正班主任的决定。在副班主任任期内，一旦发现有违背班主任的行为导致严重教育事故，或出现其他不适宜担任副班主任的情况时，学校将根据实际情况，立即予以解聘。学生处负责对副班主任的任职档案进行管理。

（三）副班主任的职责

班级管理的主要责任人是班主任。副班主任主要是协助班主任进行工作，接受班主任的指导和工作安排。在此基础上，副班主任应承担以下基本职责：协助班主任对学生进行思想道德教育、法纪教育、心理健康教育。协助班主任指导和组织学生开展班级文化建设活动。协助班主任加强对学生的日常行为的管理，杜绝各类违纪现象的发生。协助班主任指导学生，完成各科的学习任务，遵守学习秩序，珍惜学习时间，提高学习效率。协助班主任管理好学生的课外活动，鼓励、组织学生积极参与有益于身心健康的兴趣小组和社团。协助班主任开好班教导会、家长会和主题班会。协助班主任完成班级学科教师的教学协调工作。

（四）副班主任的待遇

副班主任的任职年限在职称评审和推荐平度市级（含平度市级）以上业务称号时，等同于班主任的任职年限。学校选聘班主任，一般优先从副班主任岗位上选聘。副班主任的职务补助平均每月100元。发放办法与班主任的职务补助发放办法相同。副班主任拥有与班主任相同的专业培训和学习机会。副班主任可以参加校级班主任荣誉称号的评选（不参加县市级班主任荣誉称号评选）。副班主任参加我校"星级班主任"评选时，副班主任的任职年限按照50%的比重折算为班主任任职年限。

副班主任选聘制度有效解决了班主任劳动强度过大和后备班主任不足的问题。

九、评优评先晋级，政策倾斜

根据平度一中班级"五项竞赛"评比办法，学生处、教导处等各部门对班主任班级管理工作进行考核，一周一公示，一月一汇总，一学期一排序。班主任工作的量和质，都会通过分数的形式呈现，考核结果作为学校评优评先和职务晋升的重要依据，在同等情况下班主任优先，有效解决了干与不干一个样，干多干少一个样，干好干坏一个样的问题，调动了班主任的积极性。

"永进无止"是平度一中在知务中学时期提出的校训，含义有四：师生探究科学，探究真理，永无止境；学校海纳百川，学习和吸收世界优秀文化，卓越发展，永无止境；师生在人格上做一名仁爱之人、高尚之人、力求向上之人，永无止境；师生勤勉自励，追求进步，永无止境。如今，"永进无止"已经成为平度一中与时俱进、创新超越的执着追求，开放兼容、兼善天下的崇高境界，传承百年、历久弥坚的校脉精神。

学校在发展过程中会遇到各种问题，我们相信挑战与机遇并存。借用山东大学文学院王小舒教授在《赞平度一中精神》中的一句话："永进何尝有尽头，浪涛万叠向东流，求真本意在仁爱，吸纳百川竞上游。"

新时期做好学校妇联群团工作面临的挑战和对策

青岛旅游学校　张萌萌

青岛旅游学校1958年建校，1986年开始从事旅游职业教育，1993年被正式批准定名为青岛旅游学校。学校成立了工会委员会和教职工代表大会、妇女委员会，拥有工会组12个，教代会代表56人。学校党组织注重发挥群团组织的力量，推进学校的不断发展，办学实践得到了学生、家长和社会的普遍认可。随着人们对优质教育的渴望日益增强，如何做好职业教育下的群团工作显得日益重要。在职业教育改革不断推进过程中，教育的群团组织发展呈现出诸多不适应现象：教育事业的现代化发展、服务教职工多样化需求、维护教职工合法权益的能力有待提高；参与学校劳动关系协调、化解劳动关系矛盾的渠道还不够畅通，能力还有待提升；如何增强教职工凝聚力，改进工作作风；如何提高教职工职业幸福感等等。学校党总支领导下的群团组织必须高度重视这些问题，通过自身的改革创新，采取有力的措施加以解决，才能适应新要求。

一、群团组织面临的新挑战

（一）教师个人发展与诉求，对群团组织工作内容提出新课题

教师作为学校的主体，其个人的职业发展、生活诉求、权益保护直接关系到学校的发展和稳定。教育工作要求教师不断更新知识储备，更新教育手段和技术。近期涌现出来的微课、慕课、翻转课堂、同课异构、"互联网+"等知识日新月异，教师一旦放松就跟不上教学方式的发展。同时，教师还要面对管理学生、德育活动、师德考核、业绩考核等，因此思想、身体压力倍增，职业倦怠感出现，职业幸福感降低。就我校来讲，女教师占70%，40岁以上女教师占65%，这部分人群又恰恰是学校的教学骨干，如何保护她们的权益，了解她们

的诉求，是对新时期群团组织工作提出的新课题。

（二）新型劳动关系，要求群团组织的覆盖面更广、更宽

随着我国教师聘任制的实施，教育系统内部的劳动关系也在不断发生变化。既有签订了聘用合同的教职员工，又有建立了劳动合同的教职工；既有事业编制的教职工，又有因临时聘用、离退休返聘的员工。随着人事制度改革的深入，群团组织要充分考虑各种人群，保障利益，协调矛盾。群团组织的覆盖面要更广、更宽。

（三）网络全媒体时代，对群团组织工作方式和方法提出新的挑战

随着网络新媒体的风行，人们的沟通不止于面对面。信息的传播速度加倍提升，舆论的导向作用显得尤为重要。因此，传统意义上的群团组织和社会工作方法已难以满足创新社会管理与服务的新要求。

二、对策

经过多年的实践，学校充分发挥工会、共青团等组织的作用，主动适应，积极思考，寻找对策。在党组织的领导下，积极参与民主管理，抓好教师思想政治建设，保护女教工合法权益，化解矛盾，为创建和谐校园发挥了积极的推动作用。

（一）坚持党对群团组织的领导，团结广大群众围绕在党的周围

通过工会、妇联、共青团组织，宣传党的政策。组织广大教职工认真学习党的会议精神和习近平总书记系列重要讲话精神，深入宣传全面深化改革的重大意义、指导思想、总体目标、基本原则和重大部署。通过教职工喜闻乐见的形式，引导广大教职工立足本职、胸怀大局，努力工作。每学期组织青年团员参加读书交流会、座谈会和外出参观考察，每学年举行隆重的超龄团员退团仪式。挑选优秀的青年党员组成中学生党课宣讲团，指导优秀学生向党组织靠拢。严格控制新发展团员人数，严守发展程序，经过严格的选拔、考试和考核确定入团积极分子。各团支部团员们充分利用寒暑假等时间，深入社区、街道，开展志愿服务活动，充分展示了团员的新风貌，受到社会一致好评。我校导游、航空、商务专业的学生还结合专业特点，到青岛市各大景点、机场、商贸公司等地开展"职教义工服务社会"活动，既锻炼了技能，又提升了志愿服

务意识。2014年，学校团委被评为"青岛市五四红旗团委"。

（二）加强教师队伍建设，提高教职工业务水平，适应教育发展新要求

一是开展读书活动，打造书香校园。青岛旅游学校高度重视教师读书工作，把读书作为提高职工素质、加强学校文化建设和提升学校核心竞争力的一项重要工作摆上议事日程。学校领导十分重视、关心和支持"职工书屋"建设，不断加大设备投入，确保经费到位。结合学校开展的读书实践活动，引导教职工要好读书、读好书，要善于从书中汲取知识的营养和力量。图书馆全天向教师开放，为教研组配备书橱，设立组室图书角。教师们在这里学习充电，相互交流、相互促进。提倡多种读书形式并进，学校经常开展读书交流会、青年教师读书沙龙等。学校每学期都进行读书工程活动总结，表彰先进，树立榜样，促进了教师们读书的积极性。学校形成了良好的读书氛围，学校也被青岛市总工会评为"职工书屋"。

二是经常举办专家讲座，进行全员培训。为打开教师的教育思路，提升教育水平，学校聘请专家为教师做专题讲座。近几年来先后聘请了李福坤教授做了关于"国际关系"讲座、迟希新老师做了主题为"基于职业学校学生特点的有效教育引领"培训、邵守刚律师做了题为"校园伤害事故法律分析及预防"的讲座，邀请青岛市红十字会对我校的全体教职员工和各班级代表进行了急救培训等，2015年夏季组织90多名教师赴浙江大学进行研修培训。

三是帮助教师建立个人业务档案。制定《青岛旅游学校教师继续教育学分管理制度》，建立"月反馈"制度，将教师继续教育学分情况进行实时动态反馈，为全面推行教师资格证学分注册做好前期准备。实施"青蓝工程"，做好青年教师的教学"拜师"结对工作，组织青年教师上好校内汇报课。

（三）发挥群团组织的作用，维护教职工合法权益

《中华全国总工会关于加强协调劳动关系、切实维护职工合法权益、推动建立社会主义和谐社会的决定》提出要维护职工的七项权利：职工劳动就业权利、职工获得劳动报酬权利、职工社会保障权利、职工劳动安全卫生权利、职工民主权利、职工精神文化权利、职工社会权利。学校工会委员会、教职工代表大会在审议学校规划、推动学校内部管理体制改革、审议决定涉及职工切身利益的有关事项、开展校务公开、增强职工凝聚力、民主评议干部和加强党风

廉政建设等方面，都发挥了重要作用，做到了重大事项必须提交教代会审议通过。学校组织教职工参与学校的民主决策、民主管理和民主监督。学校人员根据不同情况分别签订了聘用合同和劳务合同。学校将临聘人员等也吸收到工会组织中来，依法保障他们的合法权益，保障他们的合理诉求。

（四）认真把握新媒体的群众工作规律，积极运用新媒体做好群众工作

新媒体的出现使媒体传播"舆论引导"方向由单向传播转为双向传播。新时期群团工作可以充分利用新媒体作为宣传的工具和载体，使其成为利益诉求表达的通道、下情上传的新渠道，成为汇集民意的强有力平台。学校的微信公众号成了学校宣传的窗口。工会、共青团组织的活动及时通过微信平台进行宣传，得到老师们的高度关注。利用媒体的丰富性，建立学习平台，如网上培训、网上学习，克服了传统学习对场地、时间的限制。

深化内部管理改革　增强学校办学活力

莱西市职业中等专业学校　陶松林

　　莱西市职业中等专业学校创建于1982年，是首批国家级重点职业学校和青岛市教育改革十面红旗学校。学校现开设14个中职专业，在校学生1500余人。多年来，学校的管理一直沿用传统的管理模式，即"校长—分管校长—职能处室—教研组—班主任及任课教师"。随着办学规模的增大，各种弊端逐渐显露出来，学校领导班子研究决定的事情，很长时间贯彻不到班主任及任课教师，部门之间推诿扯皮的事情时有发生，教师缺少工作的积极性和主动性。要实现学校的内涵发展，增强办学活力，内部管理改革势在必行。

　　经典管理理论认为：一个管理者由于受到各方面因素的限制，所能管理的下属人数是有限的，这就是管理幅度。当下属人数增加到一定的程度，超越了管理者所能有效管理的范围时，就必须增加管理层次，从而形成层级组织机构。

　　中等职业学校实施"校部–学部"二级管理模式，是学校办学扩大到一定规模后管理体制的一次重大变革，是建立现代学校管理制度的一项重要举措。它的特点是去掉不必要的管理中间环节，使管理结构从金字塔形向下压缩趋于扁平化，被管理者更直接地接触政策，同时有较大的自主性、积极性和满足感。

　　实行二级管理的关键之一是设立合理的"二级部门"。专业学部的设置应依据学校所开设的专业来定，相近或相关专业归入一个专业学部，提高学部的内聚力。如，我校开设畜牧兽医、农副产品保鲜与加工、农村经济综合管理、园林绿化、果蔬花卉生产技术、建筑工程施工、工程造价、农村电气技术、电子技术应用、机电技术应用、农业机械使用与维护、电气运行与控制、制冷和空调设备运行与维修、学前教育等共14个专业，根据专业特点，将它们分成了农经、建筑、机电、幼师四个学部。各专业学部既有鲜明的人才培养目标，又做到了相近专业的相互融通。

实行二级管理的关键之二是合理分权、充分授权。让相关专业骨干教师担任学部主任，在运作过程中充分授权，让专业学部真正成为集教育、教学、科研等适度权力于一体的管理实体。我校在构建实施二级管理体制过程中，遵循"德才兼备、任人唯贤、群众公认、注重效能"的原则，坚持"公开、公平、公正"，开展了中层干部和专业学部主任的公开竞聘。竞聘成功后，学校十分重视对干部的培养，努力培养他们的服务意识、奉献意识，积极搭建平台，不断提高他们的政治思想和业务水平。

实行二级管理的关键之三是建立和完善绩效考评体系。在完善学校教职工绩效考核办法的同时，启动内部人事制度和分配制度改革，将教师岗位聘任权和经济分配权部分下放到专业学部，努力使专业学部成为职责权利四位一体的管理主体。一方面，将教师人事聘用和岗位聘任相剥离，即校长对教师实行人事聘用，专业学部主任对教师进行岗位聘用；另一方面，对教师绩效考核实行分级发放，将对教师教育教学的考核权下放到专业学部。

"校部—学部"二级管理大大激发了中层干部工作的主动性和创造性，同时也进一步调动了广大教师的工作积极性，增强了其荣誉感，营造出了积极向上的工作氛围。具体体现在以下几方面。

1. 打造了和谐的办学环境

实行专业学部负责制以后，学校实行竞争上岗，从人人有岗变成了岗岗有人，原来的岗位由领导安排变为竞争上岗，为打造学习型学校起到了积极的作用。全校上下形成共识，学校的办学思路、管理理念和工作要求深入人心，行政执行力不断提高。教师的团队意识和团队精神进一步加强，同事之间能加强沟通，相互理解，能正确处理个人和集体、局部与全部的利益关系。干部的模范带头作用进一步凸显，工作有热情、有激情，工作作风严、细、实，工作思路不断创新，工作业绩得到认可。

2. 提高了学校整体的管理效能

实行专业学部负责制以后，学校组织机构被简化，现行的条块组织结构大大提高了管理效能，政令更加畅通，任务落实更加直接、快速。由于专业学部自主管理程度的提高，学校领导有时间和精力谋划大事，科学决策，行政人员也有较多的精力投入提高服务质量和各自的业务学习和研究上，进一步提升了行政工作水平，使学校总体管理质量提高。同时，各学部充分利用自主管理的优势，创新管理方法，积极开展丰富多彩的文体和专题教育，学部间相互激励，相互"攀比"，形成了良好的竞争氛围。

3.全面提升了教育教学质量

实行专业学部负责制后，每个学部都享有充分的自主权，计划的制定、课程的安排、活动的组织、对教师提出的要求等都可自行安排。这样，各学部就可以有计划地将德育课、班会课、活动课有机结合起来，相得益彰，对学生进行全方位的、系统的教育。另外，专业学部要求本部教师统一在每堂课及每一个教育机会中对学生渗透品德教育。全体教师形成合力，加大了德育的力度，增强了德育的实效。

实行专业部负责制以后，各专业部积极进行新的办学模式的探索，积极推行理实一体化教学模式改革，技能教学成绩全面提升。2011年以来，学校参加全国职业院校技能大赛获得了2金7银1铜的好成绩，实现了莱西职业教育国赛奖牌"零"的突破和青岛市建筑专业国赛金牌"零"的突破。

当然，职业学校推行二级管理体制改革的道路不可能一帆风顺，其阻力往往源于学校内部。除了充分调动全体教职员工的工作积极性、不断提高专业学部管理人员的素质、营造学校文化、加强上下沟通之外，最重要的是学校原有中层部门工作重点的转移。学校在赋予专业学部充分自主权的同时，必然会削弱原有中层管理机构的权限。因此，中层管理者要克服工作惯性，把工作重点从直接管理转移到督查检查和协调服务上来，对专业学部给予对口业务指导。职能部门要充分发挥组织协调作用，及时掌握各专业学部动态，从全局出发统筹安排工作、合理调配公共资源，避免专业学部在各项公共资源使用过程中引起的矛盾。

二级管理意味着大量管理职权的下放，专业学部拥有了相当的自主管理权限。学校鼓励、扶持专业学部发展的同时，也要建立相应的监督制约机制。中层部门在指导协调、提供服务的同时，要对学部的专业建设、教育教学、队伍建设等方面进行实时监控，对不符合学校管理要求的工作即时制止并帮助改正，确保专业学部在学校的统一领导下规范管理，有序运行，健康发展。

学校人性化管理案例分析

青岛市即墨区第一职业高级中学　李展先

一、背景

法不责众是人们心里一种比较普遍的想法。学校管理中也经常遇到这样的问题，学生利用这种想法集体犯错，与他们认为不合理的学校管理制度对抗。以前，不少学校应对这类事件一般采取吓唬或者强压的方法。随着社会的发展、以人为本思想的推广和学生民主意识的提高，这种方法已不合时宜。在人性化管理的大背景下，有的学校领导也认为法不责众，对学生集体犯错的处理就只是蜻蜓点水，甚至迁就。那么，如何运用以人为本的思想去处理好学生集体犯错呢？

二、案例

某校某天课间操时，值日领导发现高二（2）至（5）班学生做操态度极不认真，决定留下这四个班重做。做完后，（4）班班长兼体育委员在全班学生面前气愤地说："太不公平，为什么总是留我们班级？明天我不出操了！"得到大多数男生的响应。第二天，高二（4）班全班31名男生只有2名男生出操，其他29名男生在教室里不出来，集体罢操。班主任知道后，到教室要求学生出操，学生不听。学校领导发现后，十分气愤，责令政教处对此事严肃查处。

三、处理方法

对这种集体犯错，学校应该如何处理呢？一般有如下几种处理方法。

方法1：学校政教处责令班主任限期整改，给高二（4）班一个集体通报批评。

方法2：学校政教处召集不出操学生，集体训斥，以观后效，然后在全校学生大会点名通报，以儆效尤。

方法3：学校召集高二（4）班未出操学生开座谈会，校领导对学生的错误进行批评，然后让学生自由讨论，畅所欲言，探讨如何改进课间操的质量。

对这件事，该学校是如何处理的呢？

方法4：政教处紧急召开专题会议，认真研究事件的起因和动机，分析了事件的错误性质和造成的不良影响，最后决定分四步做工作：第一步，找班主任了解事情发生经过，听取班主任对事件的认识和看法，然后统一认识——如何通过这件事教育学生；第二步，做学生工作，先找未出操的班委等同学，认真倾听他们的意见，让班委首先认识到问题的严重性和影响的恶劣程度，然后让班委做其他学生工作，逐步把工作做到每一个人；第三步，政教处主任到高二（4）班召开班会，充分肯定学生的集体荣誉感，认真听取学生的意见，然后与学生一起共同讨论：这种集体罢操的行为的错在哪里？有哪些负面影响？如何纠正高二（4）班形象？如何挽回影响？学生认为学校应该如何处理？第四步，利用班会课，在高二年级展开"高二（4）班男生集体不出操到底是对还是错"的大讨论。

在班会课上，高二（4）班讨论热烈，最后全班达成共识：为了挽回班级班在全校造成的不良影响，第二天课间操时，全班在全校学生面前集体亮相做操，接受全校师生监督；以高二（4）班全班同学的名义写道歉信，向全校师生公开道歉。为了做好第二天的课间操，29位学生利用课余时间请体育老师帮助集体练操。第二天，高二（4）班全体学生站在操场中间，做操十分认真，动作整齐、到位，效果显著。

四、分析

以上四种方法哪种最可取呢？

笔者认为方法1和方法2十分陈旧，而且简单粗暴，不符合现代中学生的心理特点，更不能适应当前的教育形势。方法1与班主任缺乏沟通，很容易拉开学校领导与班主任的距离，加大学校与学生之间的心理差距；"给高二（4）班一个集体通报批评"似乎"法也责众"了，但处理太轻，对犯错集体没有教育效果，对其他班级也没有警戒作用。方法2好像很能体现学校对事件的重视，但"集体训斥，以观后效""以儆效尤"过于简单，没有考虑到现代中学生的逆反心理。从本质上说，这两种管理方法还是停留在被动管理学生的原始状态，学生被动地接受管理，师生双方处于"管"与"被管"的状态，学生的主观能动性得不到发挥，甚至出现对立情绪，这种现象的出现使管理工作难以有效开展。

方法3、方法4突显了"以人为本"的人性化管理的思想，切合当代的教育形势和先进的教育理念，同时充分考虑了现代中学生的心理特点。

什么是人性化管理？人性化管理就是要以人为本，要求管理者依靠人、尊重人、信任人、激发人，本质上是以促进人自身自由、全面发展为根本目的的管理理念与管理模式。著名管理学家陈怡安教授将其提炼为三句话：点亮人性的光辉；回归生命的价值；共创繁荣和幸福。具体地说，人性化管理就是要求管理者在充分尊重学生、信任学生的基础上，用爱和关怀去唤醒学生人性中的真、善、美，摒弃假、丑、恶，点亮人性的光辉，让每个学生都感受到人生的价值。方法3、4都充分地体现了这一点。两种处理方法以学生座谈、倾听学生意见、班级讨论等形式，充分显示了学校对学生的人文关怀。

但是，人性化管理绝不是放弃管理，不是要降低规章制度的严肃性和公正性，而是在按章办事、依法治校、文明施教的基础上，更注重提高管理的艺术，改变管理的方式和方法。人性化管理的最终目的还是教育人、发展人。方法3体现了人性化管理中的尊重人、信任人，但却降低了规章制度的严肃性和公正性，可以说是对人性化管理的片面理解，或者说从本质上就扭曲了人性化管理。对犯错学生进行处理的目的，一是为了教育犯错误的学生本人，让他们认识并改正错误；二是教育其他学生，要他们引以为戒。如果一味地迎合学生、迁就学生，那么不但不能教育学生，还会给学校工作带来许多后遗症。方法3中的学生座谈，没有让学生主动认识错误，也没有对学生给予必要的处罚，对犯错学生没有教育效果，事件造成的不良影响也没能得到及时挽回。这样处理迎合、迁就了学生，学校制度得不到很好的维护。

而方法4既能体现教育管理的人文性，又能维护学校制度的严肃性和公正性。整个事件处理过程始终是学生处于主体地位，学校处于主导地位，贯穿了

"以人为本"的管理理念，体现了人性化管理的特点。处理过程可以概括为四个流程：学会倾听、尊重学生；集体讨论、认识错误；因势利导、找出方法；亮相道歉、维护制度。学会倾听体现在事件发生后，学校政教处并不是简单下结论，而是先认真听取班主任和学生的意见，让他们畅所欲言。在马洛斯的需要层次中，尊重是一种较高层次的满足。方法4整个过程都体现了对犯错学生的尊重，这是取得良好教育效果的保证。尊重学生就是学校管理者要把学生放在和自己一样的角度去看待，去认真倾听、平等对话，站在学生的位置来倾听他们发自内心的声音，只有这样才是打开学生心结、找到正确解决问题的通途。集体讨论、认识错误，体现了民主化管理，它是人性化管理中一种必不可少的形式，是在充分尊重被管理者的基础上找出的一种比较切合实际的、有效的管理办法。学生犯错后首先要让他们自己认识到错误。认识错误的形式可以多种多样，通过集体讨论让学生在讨论中主动承认错误是处理学生集体犯错的一种有效方法。因势利导、找出方法，在学生集体讨论的基础上，政教处引导的作用十分重要。在第三个流程中，政教处提出了几个问题，从认识问题、分析问题、解决问题三个方面有目的地对学生进行了正面引导，让学生自主找出解决问题的正确方法，从而达到教育学生的宗旨。亮相道歉、维护制度，政教处的正确引导、学生的自主认识，既能够教育犯错者，又能起到警戒其他学生的效果，更重要的是让学生明白"法也责众"，学校制度的严肃性和公正性得到了有力的维护。这种处理方法充分体现了该校政教处对人性化管理理解的深刻性和对学生集体犯错处理的科学性。

五、反思

学校推行人性化管理是不是学生犯错就听之任之？如何在以人为本思想指导下维护学校制度的严肃性？如何提升学校管理的档次，增强学校管理的科学性？这些问题是每个教育工作者都要认真思考的。纵观以上几种处理方法，笔者认为"世易时移，变法宜矣"。随着时代的变化、社会的发展，教育管理也要因时而化。学校教育要以人为本，管理要人性化。

校长的角色

青岛西海岸新区琅琊台小学　王翠香

　　校长在学校管理中的作用是举足轻重的。有人说，一位好校长就是一所好学校，我颇为赞同。很长一段时间里，我都认为，校长是老师的老师，学校管理是校长的事，与其他人关系不大。基于这种理念，在学校管理上，我每天总是起早贪黑，从教育到教学，从前勤到后勤，事必躬亲，事无巨细，常常被大小事务搞得焦头烂额，可效果怎样呢？

　　偶有闲暇，我与师生们座谈，发现他们对学校的管理现状并不满意，对学校有些事情的处理还颇有意见呢！

　　夜里，我躺在床上，怎么也想不通：这是为什么？我可是一心一意为着学校，为了工作啊。苦思冥想中，我想起了当代教育改革家李希贵的名作《为了自由呼吸的教育》。这本书像一个鲜红的路标，指明了我工作的方向，拨开了我思想的云雾，先前的疑问豁然开朗。

　　于是，我对自己过去的工作进行了认真的剖析，发现自己的管理理念、工作作风、工作思路都存在着问题，学校的很多决策脱离实际，缺乏周密的论证，不能得到师生的认可和支持，有些还引发了师生的抵触和反对。怎么办呢？还是先听听大家的意见吧。于是我走到师生中间，与他们促膝谈心。起初他们觉得校长又在做表面文章，因此只是敷衍。我并不气馁，而是更加真诚地面对他们，虚心听取他们的意见和建议。精诚所至，金石为开。一段时间后，师生们都能向我敞开心扉，建言献策。我惊喜地发现，学校的师生也深爱着自己的学校，有些看法既合乎情理，又能解决问题。

　　群众的眼睛是亮的，师生的智慧是巨大的，其蕴藏的能量也是不可低估的。正确的认识应该来源于实践。一切从实际出发，注重调查研究，从群众中来到群众中去，应该成为我们工作的原则。做好学校工作需要充分发扬民主，学校工作不能总是一个人说了算，学校是大家的，大家的事情需要大家作主。于是学校设立了"金点子奖"，让积极建言献策的师生得到应有的奖励。学校还成立了教代会，学校的重大决策都要经过教代会讨论、表决。大家为了学校的发展，在一起出点子、想办法，真正做到了集思广益。我听取教师们的意见，注意加强学校干部队伍建设，促进教师专业化发展。选拔业务能力强、道德素质高、群众威信好的优秀教师进入学校领导班子。这些新干部来自教学一线，他们的出色工作最有说服力；他们有良好的人际关系，在师生中最有公信力；他们工作身先士卒，也最有号召力。我给他们定岗定责，委以重任，放手让学校每个干部积极主动地开展工作，把一线的权交给一线的人。而作为校长的我则把更多的时间放在理清工作思路和进行宏观调控上。我还深入师生，想方设法为他们排忧解难。教师病了，不管多忙，我一定要登门拜访，嘘寒问暖。学生家庭经济困难，我会发出倡议，带头捐助。在总结表彰会上，我会为学校的每一位优秀教师和三好学生颁奖，向他们表达由衷的祝贺。这样一来，师生学习工作积极性提高了，各项工作也扎扎实实地向前推进，学校出现了安定团结、欣欣向荣的良好局面。

由此，我体会到，在学校管理中，校长不应该是一个忙忙碌碌的事务主义者，而应该为自己的角色定好位。

一、校长是学校中普通而又不普通的一员

说校长普通，是因为校长也是人，精力和体力是有限的，智慧和能力也是有限的。众人划桨才能开大船，学校是大家的，学校的每一位师生都是学校的主人，办好学校不是校长一个人的事情，全校师生都责无旁贷。

说校长不普通，是说校长的角色很重要，一个高明的校长能发扬民主，集思广益，调动每一位师生工作和学习的积极性，凝聚人心和力量，把学校的事情办好。

二、校长应该是热爱学习的人

要管理好学校，仅有工作热情是不够的，良好的动机不一定产生良好的效果。校长是学校师生的引路人，是学校的一面旗帜，是学校各种复杂矛盾的"交汇点"，是关键时刻作出重要决策的人。校长要驾驭全局，管理好学校需要具备各方面的知识和能力。校长应该谙熟教育学、心理学、管理学、伦理学等知识。校长应该是爱好学习、善于学习的人，不管多忙，都不能耽误学习。校长只有不断学习，才能为自己的工作注入活水。一个校长如果停止了学习，学校也就没有了活力，就会停止了进步。

三、校长应该是富有人格魅力的人

学校的师生不是被管教的对象，不是任人揉捏的面团，而是有血有肉、有思想、有感情的人。一个人如果事事受制于他人，会本能地产生对抗心理。校长应该做全校师生的良师益友，理解他们，尊重他们，体贴他们，善于调动师生的积极性，激发他们的主人翁意识，真诚地关心他们的学习、工作和生活，用欣赏的眼光看他们，为他们取得的点滴进步而高兴。校长应高瞻远瞩，胸怀宽广，严以律己，宽以待人，只有富有人格魅力的校长，才能有亲和力，才能产生凝聚力。

四、校长应该是懂得管理艺术的人

管理是一门艺术，领导者不仅要敢于管理，还要善于管理。要达到管理的最高境界，既需要刚性管理，又需要柔性管理；既需要粗放型管理，又需要精细化管理。这犹如放风筝，既要放得开，又要收得住。所有管理都有章可循，那就是尊重教育教学规律。学校管理是一个整体工程，管理是分层次的，下属能做的事情，校长可以指导，但不能过于干预，否则下属的工作就会无所适从，管理系统就会出现紊乱，校长的权威就会产生动摇。校长的任务有三个：一要善于用人，二要敢于决策，三要长于协调。

谨记自己的角色，不要跳到"划船"的队伍里，驾驭好学校这艘"航船"，这才是我们校长应该做的。

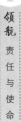
创新教学管理　赋能学校发展

青岛市即墨区潮海中心校　孙　燕

在新时代教育背景下，为探索学校发展的有效途径，青岛市即墨区潮海中心校（以下简称中心校）精准把脉镇街教育现状，清晰定位校长、教师、学生在学校发展中的作用（校长是关键、教师是基础、学生是主体），坚持提高校长领导力、重视教师培养、提升学生综合素养的治教治学策略，初步形成了"精准管理、特色多元"的发展理念，促进了潮海教育高质量发展。

一、以校长专业成长，促进学校办学品质提升

教育家陶行知说："校长是一个学校的灵魂，要想评论一个学校，先要评论它的校长。"校长的风格气质、道德情操、管理水平、业务能力、教育情怀直接决定着这所学校的办学品质和发展高度。即墨区潮海中心校形成共识：抓校长提升，就是抓教育教学质量；确立了"理论学习—阶段目标—领导力"的管理体系，让校长管理体系赋能校长专业成长，从而促进学校发展。

（一）夯实理论基础，提升校长履职能力

第一，中心校通过邀请名校长、开展研讨等形式，定期举行校长经验交流会，实行校长述职制度。第二，中心校实施"校长读书工程"，学理论，增智慧。第三，中心校推动校长撰写治校案例和教育论文。近年来，多位校长在国内知名报刊上发表文章：万科小学贾妮妮校长撰写的《"三立"治教理念下小学"和润教育"实践途径》、城东小学尹巧丽校长撰写的《"三立"治教理念下小学"德慧"文化建设路径》发表在《现代教育》上。第四，提炼总结潮海校长"十四条"工作法。通过交流、学习，校长们成为精通教育、善于治校的行家里手。

（二）改革评价体系，激发办学活力

中心校参考《即墨区校长职级制评定办法》，根据学校实际制定了《潮海中心校校长职级制评价方案》，精准把脉学校教育发展阶段，增加了评价内容，调整了评价占比，由个人专业发展、单位综合年度考核、干部考察结果、群众满意度测评、单位成绩、宣传报道和加分等几部分组成。从原来重学校学业成绩逐步转为重业务能力提升和育人效果。小切口带来大改变，这一措施大大激活学校创新动能和办学活力。

（三）提高校长领导力，提升育人水平

中心校依据《义务教育学校校长专业标准》制定了《潮海中心校青年校长发展规划》，积极搭建发展平台，引导学校与区域名校进行合作办学；鼓励年轻校长参加业务培训，形成自己的教育理念和办学思路，用学识、智慧引领学校发展。

二、提升教师业务能力，促进学校教育质量提高

教师是学校赖以生存的宝贵资源，是学校发展的主体。教师的发展主要靠学校来培养。中心校把教师的培养作为学校发展的根本任务，用"镇域共同体"意识来统筹、协调教师培养，形成了制度保障、校长暨名师引领和个人努力的教师培养机制。

（一）完善三级教研网络、促进教师专业成长

区级教研不仅是推广先进经验的平台，更是传播新理念的平台；镇级教研承启区校两级教研，决定了镇街的整体教育水平；校级教研是学校落实教学工作、提高教师业务水平的重要载体和手段。为此，中心校非常重视三级教研的建设和衔接。

把每周区级教研活动当作最好的学习机会，安排中心校视导员、大组长或中层干部带队参加教研。所有参加人员回校后第一时间写学习心得体会、上示范课，及时反馈教研成果。

中心校教学工作会议已成常态，每学期将镇街大集备、示范课、新教师亮相课、推门听和青年教师基本功比赛串联起来，达到周周有教研、月月有活动、学期有评价的镇街教研新局面。

校级横向和纵向同步，凸显教研成效。根据教师学科和专业水平进行梳理，制定发挥教师特长的教研模式，创设横向和纵向教学策略。

横向：组建学科组，以级部备课组长为引领，集体备课，青年教师跟着备课组长听课，将重点知识讲解扎实，教出成效，缩短教师专业水平差距。

纵向：中层与校级教研组捆绑，带领全校教师，全面解读学段目标，每周各学科固定时间段教研，学科组每人负责一个教学观测点，及时预设和解决教学过程中出现的问题，全面跟进学生课堂质量反馈，做好学情分析，不让一个学生掉队。由学校到教师，由教师到学生，由学情反馈到教师对学生个别辅导，抱团教研贯穿于整个教学环节，以学科组的工作质量提升学生学习质量。

（二）构建校长教研和名师培养模式，发挥引领作用

1. 校长引领教研，回归教育本真

校长不仅是管理者，还是教育者。走进课堂、加强课堂研究是提升教育治理能力现代化的要求和使命。中心校通过《潮海中心校小学校长引领教研活动方案》将小学课程划分为六大学科，分别由校长任组长，通过确定主题、分析资源、形成方案、预测结果、评估效果五步走的路径，完成对教学问题的归纳、提炼和推广。

2. 名师培养计划，助力学校均衡发展

中心校非常重视名师的示范、引领、辐射、指导作用。学校根据《潮海名师培养计划》，层层选拔和评比，涌现出以慈春丽、朱玉红、孙励、赵英、杨潇潇、孙栋等为代表的潮海名师。为最大化发挥本土名师的作用，学校为名师们建立了工作室，加强了对本校教师的指导和引领，促进了教师整体水平提升。

（三）培训和课题研究，赋能教师技能升级

根据学期初培训计划并结合教师提报的教学问题菜单，学校有针对性地安排教师定向培训，同时把培训经费5%的比例提高至7%至10%。让教师在专家答疑解惑中提升自身技能。

各学科以课题研究为引领，开展了一系列教学教研专题活动，提高广大教师的教学能力和教育科研水平，更好地服务于学生，提升学生的综合素质。学校以中心校课题"镇域教育高质量发展背景下教师专业素养提升策略研究"为

统领，带动全部校长参与课题并建立新课题，从而实现小课题带来大改变。

（四）加强顶岗教师的科学管理，促进学校、教师同频共振

潮海中心校现有162名顶岗实习教师，占在编在岗教师的1/3。顶岗教师的管理和使用直接影响着教育质量，为此中心校高度重视顶岗教师的管理和培养。出台了《潮海中心校顶岗教师考核管理办法》和《潮海中心校合同制教师民主评议细则》，促使学校和顶岗教师抱团发展。每学期末，中心校从课堂教学、备课、作业、学生评价和学校综合量化五方面对顶岗教师进行民主评议，把评议的结果作为续聘、解聘的依据。

三、以特色多元策略，促进学生素养养成

潮海中心校立足实际，深挖学校内部资源，坚持"文学素养"和"艺术素养"同步提升策略，拓宽育人途径和方法。

1. 高效课堂托底课堂质量，稳步提升文化素养

学校制订"教学标准"，推行"四环节十步骤"教学基本模式，进行问题导学、自主发展、自主合作探究性课堂研究，实现课堂的转变，让真实的教学发生。学生在长期的合作探究学习中，养成了主动参与、善于倾听、喜好质疑、勇于探究及乐于表达的良好品质。

2. 课堂达标、个性化作业，拓展学生文化知识

中心校在各小学开展课堂达标活动，通过制定《潮海中心校小学课堂达标实施方案》《潮海中心校小学课堂达标要求》，引领各校开展课堂达标活动。完善作业检查制度和作业管理办法，全面压减作业总量和时长；布置分层、弹性和个性化作业（如实践性、操作性、探究性），坚决杜绝机械、无效、重复性、惩罚性作业，减轻学生作业负担。

3. 特色活动，助推学生综合素养养成

基础教育阶段的传统文化熏陶和体育健身运动是教育教学中必不可少的环节。基于此，潮海中心校重点以经典诵读、书法教学和足球联赛作为中心校育人特色，编选了潮海街道《经典诗文诵读》课程丛书；引进专家，成立书画师资培训班，为教师、学生开展软硬笔书法培训。中心校每年举办"古诗词诵读""飞花令""书法比赛""校园足球联赛"等活动，提升学生的文学、体育等素养。

4.社团活动，拓宽学生发展渠道

各个学校充分发挥自身优势，因地制宜地开设人工智能、3D打印、围棋、舞蹈、轮滑、合唱、主持人、足球、乒乓球、射箭和无人机等社团活动。通过理论与实践相结合的培养模式，学生的个性和发展潜能得以挖掘，艺术、科技等素养和能力得到了提升。

论管理智慧与学校优质发展

平度市同和小学　杨本瑜

学校的优质发展离不开管理者与执行者之间的配合，每一位管理者都应该是多种智慧的集合者。能在学校各项管理工作中游刃有余地施展智慧，是一位管理者最大的魅力。那么，什么样的管理智慧可以促成学校的优质发展呢？学校的管理者要具有沟通智慧、给予智慧、赏识智慧等管理智慧。

一、沟通智慧是解决诸事的"润滑剂"

学校工作琐碎繁杂，管理者除了需要有足够的耐心和耐力外，更需要有足够的智慧去沟通疏导。学校是教书育人之才汇集的地方，作为学校管理者要凝聚各种人才，为学校的发展打造出钢筋铁骨般的框架。

管理者不仅要善于沟通，还要拥有深厚的沟通智慧。学校发展离不开家校合力、同事合力、师生合力。管理者要懂得让这种智慧影响到每一个人，使学校的管理层、执行层，每一位老师、每一个孩子甚至每一位家长都学会以真诚细致的沟通作为解决问题的先导，这便减少了许多不必要的误会，也为诸事的解决提供了润滑剂。

二、给予智慧让"能者乐劳"

给予是收获的投资。在学校管理中，管理者懂得给予的智慧可以使"能者乐劳"。管理者不仅要善于带领团队做好事情，还要善于把事情放手给团队，要给予团队成长、学习、发展的机会，让团队中的每一位教师都发光发热，从而以成就个人来实现成就整个学校的发展。作为管理者，要懂得给予中层领导放手执行的机会，让中层敢于充满智慧地创造性地解决问题，让执行充满灵性；也要懂得给每一位教师做事的机会、成长的机会、发展的机会，使他们有潜力、有特色、有深度地成长，让他们感受到工作的巨大潜力空间，快乐而主动地投入工作中去，从而实现自我价值。还要懂得给予每位孩子适合他们成长的环境、机会，让孩子们成为学习和成长的主人，而不是被动的学习成长的"执行者"。同时也要创造条件使家长们积极热情地参与到学校有关工作中来，使学校的进步与成长得到多方面的理解与支持。给予别人，即是收获自我。充满智慧的给予能让能者乐劳，让管理充满情趣。

三、赏识智慧让"千里马"腾飞

世上本来就有千里马，只是千里马自己不知，所以先有了懂得赏识的伯乐，才有了奋蹄不倦的千里马。在学校管理中，我们除了要给予教师大胆施展的机会，还要善于发现他们的独特长处。我们要找他们自己都不知道的优点并促成其发展，这就是一种珍贵的赏识智慧。这样的赏识智慧也同样需要每一位教师传递给每一个孩子，让每个人在被赏识的愉悦中做一匹飞驰的千里马，实现自己的存在感、价值感。

四、标榜智慧营造学校成长氛围

教师工作具有示范性，学生亦有效仿教师的本能。在学校管理中，管理者与执行者之间也有示范与效仿的潜在关系。一个管理者的品行、思维、心态甚至习惯等都会影响到团队中的每个人。因此，管理者要善于发挥自己的标榜作用，尽可能多地利用自身"正能量磁场"引领团队健康、快乐、勤奋、严谨地成长。我们可以"授人以娱"，即把快乐带到工作中。教师职业是一项压力指数极大的工作，它的劳动产品极易引发社会上各种理性和非理性的评判，这就产生了学校工作中的各类绊脚石。因此，在学校工作中要创建"快乐学习实现幸福成长""快乐教学实现幸福收获"的氛围，这就要求管理者要以身作则，以一种积极乐观、善思好学、智慧优雅的态度处理日常工作的每一处细节，以优秀的自己为标榜，借助读书反思、网络学习研讨、校内外实践活动、校园文化熏陶、课间健身运动等措施来形成全校精神层面上的共鸣，让每个成员都有可依可行的品行指向、学习指向、心态指向等，从而在工作中展现身心健康的自我、好学博学的自我、快乐优雅的自我。

学校管理是一项以自我智慧激发群体智慧，以自我反思引发团体认知，以自我深度提升学校高度的复杂而重要工作，这需要管理者从内心到情感、从思想到智慧、从言行到决策都要严格要求自己，多种智慧合理并用，服务于学校的优质发展。

以章程修订为契机　构建民主管理文化　推进现代学校建设

青岛第二实验初级中学　王　雷

学校章程是学校依法办学和管理的重要保障，是现代学校制度建设的基本要求。制定章程，依法办学，促进学校办出特色，走科学发展之路显得尤为重要。因此，学校以制定章程为契机，科学规划学校发展蓝图，构建民主管理文化。

一、认真学习法律法规文件，合理把握章程制定的大政方针

首先，组织班子成员认真学习《教育法》《义务教育法》《教师法》等一系列教育法律法规，为章程的修订奠定法律基础。

其次，组织全体员工认真研读《国家中长期教育改革和发展规划纲要》及山东省、青岛市的教育规划纲要，更好地把握国家的教育方针，为章程的制定奠定理论基础。

二、广泛吸纳社会各界的意见和建议，科学规划学校未来发展蓝图

1. 从战略发展的高度规划未来

建校伊始，学校就专门举办了"学校战略发展研讨会"，邀请了知名教育专家和有关领导与学校的教职工代表和家长代表一起，共同商讨学校未来发展的战略规划，确定了"创设适合每个孩子的教育"的办学理念，以办成"学生喜欢、家长满意、社会认可、与国际接轨的现代化学校"作为发展目标，为章程的制定奠定了思想基础和理论基础。在此基础上，学校制定了《青岛第二实验初级中学三年发展规划》。

2. 在民主协商的过程中修订章程

学校成立了章程起草工作小组，吸纳干部代表、教师代表、家长代表、教育专家学者等共同参与，由校长、副书记具体承担文稿起草工作。

为确保章程的规范性、科学性和可操作性，学校全员参与、多方协作，对章程草案进行了细致打磨。

一是广泛征求家长意见。首先依托班级家长委员会，将章程征求意见稿发至全体家长手中，广泛征求家长意见。之后，召开校级家长委员会议事会，汇总所有家长的意见，提交给章程起草工作小组，在此基础上对章程草案进行第一次修改。

二是充分发挥教师智慧。学校将章程草案讨论稿发至全体员工，广泛征求教职工的意见和建议，章程起草工作小组进行第二次修改。之后，召开了教职工代表大会，专题汇报了学校章程的制定情况，根据会议提出的意见建议进行了第三次修改。

三是邀请专家把脉。学校邀请了中国教育科学研究院基础教育研究中心专家对章程草案进行把脉诊断，在此基础上进行了第四次修改。

四是召开校务委员会专题审议学校章程草案。学校章程经校务委员会审议通过后，由校长签名，报区教育局审核批准后生效。

经过自上而下，又自下而上的修订过程，章程草案不仅日臻完善，而且产生了一种意想不到的效果。

首先，"创设适合每个孩子的教育，让学生健康、快乐、幸福地成长"的办学理念，得到了教师、家长及社会的一致认可。

其次，教师团队瞬间凝聚在一起。在反复讨论和修订章程的过程中，来自全国各地的百余名教职员工被迅速凝聚在一起。民主参与的过程让他们感受到了被尊重，从而更激发了他们的主人翁责任意识。共同的发展愿景激发了他们为这个"大家庭"拼搏进取的热情，尤其是在讨论校歌歌词的过程中，校长和师生们的情感磨合以及对学校为未来的憧憬达到了空前的一致，"和而不同·止于至善"的价值观由此开始形成。

再次，家长们的正能量也被激发起来。家长们非常认可学校先进的办学理念，学校未来的发展蓝图让他们充满了信心，他们感到把孩子送到这里是一种正确的选择，因而，他们参与学校管理的意识更加强烈，成为学校发展中一支不可或缺的力量。

最后，学生们的小主人意识同样在这个过程中被激发出来。在校徽版样征集的过程中，学生的意见占了主流，而教师喜爱的版样被否决，这让学生真切地感受到他们的确是学校的小主人，从而大大激发了他们热爱学校、以校为荣的自豪感。

三、严格履行章程，在章程实施的过程中，不断完善学校内部管理机制

根据章程的有关规定，学校积极推进内部管理机制的创新，从机构设置上保障学校实施民主决策、民主管理和社会监督。

1. 成立校务委员会，探索新型民主决策机制

根据章程规定，校务委员会是学校的决策机构。校务委员会由校方代表、家长代表、社区代表等各方人员组成，负责审议和决定有关学校发展、学生管理的重大事项；提出完善学校管理和学生教育的建设性意见；协调学校、家庭、社会之间的关系。校务委员会的成立推进了学校民主开放办学的进程。

2. 改革传统的行政组织机构，实现由管理向服务的转变

学校设立了党政服务处、学业指导处、生活指导处、师生发展服务处和教师发展指导处，替代了传统意义上的办公室、教务处、政教处、总务处和教科研室，以内部机构革新为抓手，强化学校行政组织对教师和学生的指导、服务职能，从而摒弃了传统意义上的领导和管理的作风。

3. 创新学生自主管理组织，让学生做校园的主人

学校构建了学生会、自主发展委员会、自主管理委员会、民主参事会和生态环保委员会五个平行组织，引导学生自我教育、自主管理、自主发展。所有学生干部均以班级推荐、个人自荐、公开竞选的形式产生。

4. 强化教代会职权，保护教师的合法权益

凡涉及中层干部换届、特长生招生、教师考核、教工绩效工资发放以及其他涉及教师合法权益的重大事项和学校改革发展的重大问题，均提交教代会讨论酝酿，由教代会代表表决通过，调动了广大教职工参与学校管理的积极性。

5. 健全校、班两级家长委员会组织，保障家长参与监督管理的权利

在加强班级家长委员会建设的同时，学校成立了校级家长委员会，并下设分支机构，分别是膳食工作委员会、安全工作委员会、教学评价委员会、招生监督委员会、资源开发委员会和志愿者委员会。分支机构通过驻校办公、听取汇报、课堂听课、实地观察等形式，及时发现学校在办学中存在的问题，提出意见建议，起到了积极的监督作用。

四、不断推进民主机制建设，构建独特的学校管理文化

1. 全面实施校务公开制度

围绕保障教师、学生的知情权、表达权、参与权和监督权和家长、社会的知情权，学校主要从五方面强化校务公开。一是突出改革发展的"着力点"，向教师、家长、社会公开学校的重大事项，中远期规划和学校制定的规章制度、意见措施等。二是突出教职员工的"关注点"，对教职工聘任、职务任免、福利待遇、专业技术职务评审、评优评先、学习进修、年度考核等进行公开。三是突出社会关心的"敏感点"，对学校招生，学校代收服装费、餐费等有关问题，均予以公开，让家长放心。四是突出廉政建设的"关键点"，对学校财务支出情况和大宗物品的采购情况等进行公开。五是突出民主监督的"重难点"，对校级领导干部的廉洁自律情况、民主评议领导干部和选聘任免干部等情况进行公开。对上述问题，学校基本做到了第一时间公开，接受家长、学生和社会的监督。

2. 不断推进民主机制建设，构建独特的学校管理文化

学校将校长和管理干部的职责定位于组织者和协调者，充分发挥教师、学生及家长在管理中的作用。

确保教师的民主权。类似于教师岗位竞聘等涉及教师利益的重大事项皆由教师做主。从方案的制定到方案的实施以及最终评定，教师全程参与并有决策权。

确保家长的决策权和监督权。每年一度的特长生招生及中考直升生推荐，家长代表不仅全程参与监督，而且同时也兼任评委会成员。而关于冬季校服该不该统一征订、哪种款式更合适、什么价位更合理等问题，都由家长委员会说

了算。

确保学生的管理权。民主参事会是学生参与学校管理的重要组织。他们会定期召开由中层以上干部和教师代表参加的现场会，对学校教育教学管理提出意见，内容涉及食堂配餐的科学性、作业布置的合理性等。

这让我们深切地感悟到：让教师有民主权，让家长有决策权和监督权，让学生有话语权和自主权，更能激发教师、家长及学生的主人翁意识，更能激发所有人的正能量，更有利于现代学校制度的建设，更有利于促进学校的科学发展。

章程不仅引领着学校民主管理文化的形成，而且有力彰显了学校的办学特色，使学校呈现出良好的发展轨迹。

在短短三年时间内，学校就先后被评为青岛市现代化学校、山东省规范化学校、青岛市校本培训示范校、青岛市知识产权教育试点校、全国科技体育教育传统学校等。

学校也形成了以科技创新为特色的品牌效应。三年来，已有100余件学生的作品获得了国家专利。先后有60余名学生获得国家、省、市，乃至亚太地区机器人大赛的冠亚军。此外，在头脑奥林匹克竞赛、航海模型比赛及"水科技"比赛中，学生都取得了不菲的业绩。

学生们带回的不光是一枚枚闪光的金牌，更是二实验学子特有的骄傲和自信，带回的是祖国未来创新和腾飞的希望！

外和

　　外部环境是制约学校发展的力量，更是促进学校发展的力量。校长应在使学校获得良好生存环境的过程中发挥主动性和创造性。一位优秀的校长要能够与教育行政机关、家长、校友、社区、新闻媒体、教育科研机构等各方形成良好的公共关系，以为学校的生存和发展创造良好的外部环境，为学校发展助力。因此，重视外部环境，提高调适能力是校长一项重要的专业能力。

　　当前，学校外部办学环境越来越复杂，校长该如何来调适外部环境以推动学校发展呢？

同伴互助　共同发展：办温暖的农村教育

胶州市第十七中学　刘乃志

胶州市第十七中学位于胶州市胶莱办事处马店社区。在提升学校办学品质方面，学校特别重视文化的引领作用。在充分调研的基础上，结合学校实际，我们确定了"温暖教育"学校文化体系。

学校教育包含三类重要人物：学生、教师、家长。其中核心是学生。学校的管理就是要建设好关系，包括生生关系、师师关系、家长间的关系，还包括师生关系、亲子关系和家校关系。建设好这些关系的关键在于"做好自己，温暖他人"。如师生关系的建设，教师要发挥好专业能力，提升教学质量，关心学生的身心健康，关爱特殊学生等。学生也要感恩教师，对教师释放温暖，营造良好师生关系。

一、构建学校文化体系，用文化温润每一个人

学校秉承"办好老百姓信任的优质教育"的使命，倾力于"让每一位师生都温暖成长"的办学理念，遵循"全员育人，全面育人，精准施策"的育人路径，建设现代化家校社共育的完整教育体系，努力建设一所学生喜欢、家长支持、社会赞誉度高的优质农村学校。

学校构建了"温暖教育"文化体系：办学目标为办一所有德性、有温度、有活力的新优学校；育人目标为培养有爱心、善合作、勇担当的好少年；育人路径为同伴互助、共同发展；校训为做好自己、温暖他人；校风为互尊互助、见贤思齐；教风为修德敬业、乐言善教；学风为勤学乐学、合作互助。

二、策划关爱活动，建设温暖教师大家庭

让教师"靓"起来。我们给教师拍摄了"最美形象照"，把部分最美教师、优秀教师、优秀班主任的形象照制作成了"优秀教师形象墙"。

认真组织教师节活动。教师节当天，教师踏着红地毯，走过拱形门，以级部为单位集体吃蛋糕，感受家的温馨。

精心筹划荣休仪式。教师退休时我们会举行荣休仪式，2020年4月26日举办了第一个线上荣休仪式。全体老师参与，部分学生代表参加。这种光荣的归属感给了教师以家的温暖。

用心关爱教师。我们用家的温暖关爱教师，总是把教师的困难放在心上。过节走访是干部团队的必修课，春节前，我们会随机抽取10位教师作为走访对象，同时把特殊职工也列入其中；教师生病的时候，我们校委会会去看望；对于家里有困难的教职工，我们总要想办法给予支持与帮助。

让教师"动"起来。我们积极组织各种教职工文体活动，鼓励教师参加各种文体比赛。我们把秋季运动会改名为"师生运动会"，鼓励教师人人参与运动项目；学校在元旦举行教师联欢会，在妇女节组织女教师研学。各种活动加强了团队凝聚力，激发了教师的活力。

三、创新集备模式，打造温暖教研团队

实行"半天无课日"主题教研。为了提升教师的教学研究能力，我们实施了"半天无课日"主题教研活动。学校制定了《"半天无课日"主题教研活动实施方案》，打造了符合我校实际的特色教研品牌。"半天无课日"教研活动采用"月主题研讨+集体备课"的形式进行。每个教研组每周固定一个半天不安排其他教学任务，该组所有教师在一起研究，集思广益，博采众长，建设卓有成效的教师专业发展"共同体"，让"半天无课日"成为提高教师教学和学生学习效率的"金点子库"，从而达到学习先进的教学理念和教学方法，转变课堂教学方式，促进教师专业成长，提高教育教学质量的目的。"半天无课日"主题教研活动成为教师专业交流的温暖"餐桌"，这种每周一次的专业聚会成为教师的期盼。

创新青年教师培养模式。青年教师是学校发展的希望。为给青年教师创造更好的成长环境，我们把毕业8年以内的教师组成"青方"徒弟团队，为每位徒弟配备了以学校骨干教师为主的校内师父和以学科教研员为主的校外师父。"校内外双导师制"为青年教师发展鼓足了信心。同时，学校充分发挥青年教师团队年轻上进、精力旺盛的优势，让他们充分参与学校的管理、宣传、志愿服务等工作，形成了有活力的青年团队。

邀请专家和名师引领专业成长。仅2021年，学校就7次邀请各地名师、专家指导教师专业成长，派出100多人次参加各级各类培训活动。安排教师到各地学习，和杜郎口中学建立联盟关系。高端的、定制的、大量的培训活动激活了教师队伍，改变了他们的教育观念，学校育人水平不断提高。

优秀是干出来的，不是要出来的。我们重新修订了全面评价教师工作的教师考评办法，作为教师评优选先的重要依据。评价基准分为300分：一级指标按权重分配，师德师风占30分，工作量占50分，工作表现占50分，专业发展30分，育人效果占135分，管理授权分5分。

教师在各级各类评选和比赛中取得优异成绩。2021年，教师获奖36项。1项教学成果获得青岛市教学成果评选特等奖；1项教育科研成果获得山东省一等奖；6人参加优课比赛，5人被推荐到青岛市；胶州市优质课比赛，3人获得一等奖，2人获得二等奖；青岛市优质课比赛，有1人获得一等奖，2人获得二等奖，创造了参加青岛市优质课比赛的最好成绩；胶州市青年教师基本功比赛2人参赛，分获第一、二名。

四、实施全面育人，搭建温暖成长平台

加强学生管理。学校健全干部、班主任值班制度，实行以"教学简报"和"管理一日简报"为抓手的"两线"管理法，成为学校反馈和落实工作的重要渠道。学校加强了每日值班，形成每日"交接班仪式""三餐定点、课间分楼层巡查""值班公示牌"等良好的值班制度。一系列措施杜绝了管理死角，建立起人在其位、各司其职、各尽其责、空岗必查、失职必究的管理机制。

实施"榜样教育"。在德育方面，我们注重对学生的正向引导。学校以"榜样教育"引领学生发展。学校申报的"初中生同伴榜样影响力实践研究"

课题通过了青岛市级立项。在学生中发现各个方面表现优秀的学生典型，树立为学生身边的榜样，激发学生的向善心理和自觉意识。通过每年评选校级"五星榜样少年"、每两周评选班级"榜样之星"等榜样教育活动，让学生向身边的榜样学习，规范自己的行为，不断超越自己。将每学年评选的"五星榜样少年"的照片和事迹张贴在整个教学楼的走廊。"学榜样、做榜样"蔚然成风。

以社团活动促进学生个性发展。学校成立了13个社团，社团每周二下午第三节活动。社团数量根据学校实际逐年增多，不断发展壮大。2020年，我校的秧歌社团登上山东春晚舞台；合唱社团获得青岛市二等奖；足球社团在"市长杯"足球赛中挺进全市八强；女子排球队在"体彩杯"中小学排球比赛中勇夺初中女子组冠军。我校还成立了全市第一家国旗班社团，学生穿着崭新的制服参加每周一次的升旗仪式，器宇轩昂，飒爽英姿，展示了十七中学子昂扬向上的青春风貌。

五、首创"家长夜大"，形成温暖育人格局

首创"家长夜大"。针对农村家庭教育软硬件相对薄弱，家长白天没有时间学习等问题，学校在青岛市首创了"家长夜校公益大讲堂"，简称"家长夜大"。学校成立由校内外专家组成的家庭育人导师团队，定期对家长进行家教指导。山东教育电视台以"岛城首家家长夜大启动"为题对比进行了报道。我们做了九期家长夜校大讲堂活动，计划将大讲堂活动推向社区，让家校社齐参与，充分调动所有的力量去办学，此项活动正处于筹划中。现在家校沟通趋于良好，学校的社会认可度逐渐提高。

把参与家校共育纳入考评。学校还把"家校共育"情况纳入教师考评办法，对教师参加家长夜大、家访、家长进校园等活动进行量化，极大地调动了教师参与家校社共育的积极性。

"温暖教育"文化体系的构建与实践，让学校获得了飞跃性的发展。教学质量逐年提升，学生、教师和学校获得良好发展，社会美誉度显著提升。近两年，山东省内外20多所学校前来参观学习，对学校的管理和教学给予了高度评价。《中国教师报》、中国教育新闻网对学校进行了报道推介。

崇德尚礼　德技双馨

——青岛电子学校探索培养校企深度合作的高素质应用型人才

青岛电子学校　刘　炜

一个班级38人次获国家级别比赛荣誉，占班级总人数66%；98人次获市级以上荣誉，占全班总人数86%……是什么让一个班级取得这么多荣誉？

这缘于学校近几年坚持以中职生的终身可持续发展为培养目标，不仅强化其专业技能，还努力实现其素质的全面发展，探索出校企全面对接背景下"知行合一、立体贯通"的高素质应用型人才育人模式。学校坚持"成就一个学生，幸福一个家庭，奉献整个社会"的办学理念，立足于"打造新电子，服务新经济"，努力开创中职与高等职业教育一体、产教深度结合的人才培养模式。

在构建校企深度合作的高素质应用型人才培养机制过程中，学校从德育、课程体系、职教集团、人才培养模式等各方面进行系统设计，着重从四个维度实现了创新和突破。

一、创新德育形式，擦亮"崇德尚礼"德育品牌

学校创新德育管理体制机制和方式方法，形成了以德立人、以礼辅业的"崇德尚礼"德育特色。一是以理想信念教育牢牢把握学生追梦根基，牢固树立社会主义核心价值观；二是在社团实践中增强学生追梦自信，增加学生人生出彩机会；三是在服务社会实践中完善学生追梦品格，培育德技双馨的高素质技能型人才。"崇德尚礼"德育品牌被评为青岛市优秀德育品牌。

在此基础上，学校提出了"1+1+1"人才培养模式，即让每位学生具备"1

项技能+1项特长+1项兴趣"，使每一位学生都有成才的机会。

学校"崇德尚礼"的德育目标和"1+1+1"特色育人模式体现出，学校进行的是全人教育，是生命旅程的教育，是关注学生成长生涯的教育，学校是在努力为学生未来和成长奠基。在教育实践活动中，学校系统地研究和分析了学生成长过程中内在的、整体的、长效性的影响因素，如思想、文化、技术、社会知识，并把这些因素分解到学校教育的各环节，力求对学生的健康成长和生涯发展产生长期的影响。

学校以"蓝色之韵"社团集群建设为载体，重点打造突出专业特色的"青春小E"电子信息类专业技术社团46个，如设计社、影视后期处理社、炫影社、摄影社、动漫社，以专业社团实践带动促进学生技能发展，以适应社会需求、产业需求、岗位需求。

二、创新课程建设，打造精品课程

作为青岛市首批中等职业学校公共基础课程改革试点学校，学校始终致力于促进以"校企对接"联合育人，以产教融合人才培养模式为平台，带动学校的专业建设、课程开发、教材编写、教学方法、实习实训、师资培养等在内的一系列教学改革。从区域经济、企业需求出发，将企业文化提前融入培养目标中，真正实现了校企双方深度融合与共赢，真正培养了适应企业需求和社会发展、掌握现代高新技术的高素质技能型人才。

学校注重把企业的实际工作过程、工作任务引入教学中来，形成学习项目，构建项目课程，开发了精品课程网络平台，实现教学资源共享。目前，学校5门课程被评为青岛市精品课程；建立网络课程50余门，编写项目课程校本教材25本，12本已经出版发行；"'教学做评一体化'实训课教学模式改革"研究课题被评为山东省职业教育教学成果一等奖，并被推荐参加全国职教成果奖评选。

三、创新职教集团建设，校企合作实现零距离

2008年牵头成立全市电子信息业职教集团以来，学校积极争取企业参与，探讨在人才培养、专业设置、技术服务、师资培养、实训基地建设等方面全面合作。目前该集团已发展成为包括山东省机器人协会等7个协会，10所职业学校

和海信集团等80余家企业在内的校企一体化深度合作共同体。学校被评为青岛市首批校企一体化试点单位，集团成员单位软控集团和青岛乐金浪潮数字通信有限公司先后被评为青岛市教育局校外实训基地。

学校及时了解产业发展趋势，使学校人才培养结构与全市产业结构调整保持同步，先后新增了风电场机电设备运行与维护、3D立体设计与打印技术、物联网管理等新专业。学校还争取到青岛市教育部门200万元专项资金支持电子信息化集团建设。如今，学校每个专业都至少与一个名企业签订"订单式"培养协议，并先后与青岛高新区、青岛软件园、青岛特种设备协会签订人才战略合作协议。

同时，学校聘请协会会长、企业高管建立校外专家"智囊团"，每年举行专业建设指导委员会，共同研究确定培养目标、专业课程、教学设备和人才培养标准。学校牵头编写的《电气技术应用专业教学指导方案》成为山东省电气专业的统一标准，还牵头编写了《青岛市中等职业学校骨干专业评价指标体系》。计算机应用、电子技术两个专业先后被评为"青岛市双高名牌专业"。

四、创新人才培养模式，为中职学生创设更多成长空间

近年来，学校在人才培养模式方面先行先试，目前已经形成"3+4"分段培养、"3+4"中外合作、三二连读、五年一贯制、春季高考、中专等办学层次和模式，不仅达到人才培养的上下贯通，还为学生的多方位发展提供了自由选择。"3+4中加国际本科班"的开设开创了青岛乃至全国的先例，这一中职人才培养模式的突破，具有示范意义。

学校先后被确定为计算机科学与技术专业、电气技术应用专业"3+4"分段培养改革试点学校。学校积极加强与青岛科技大学及普通高中学校的沟通，在系统培养本科层次应用型人才方面进行了积极探索，制定了中职及大学本科的"7年一体化"贯通培养方案和课程标准，突出了职业素质和职业技术能力的培养。

与此同时，学校还积极推进与国内外名校和名企的合作，先后与美国、德国等7个国家和地区的10余所学校签订学术交流与人才培养合作协议。

学校与台湾师范大学就引进微软国际职业证书认证体系达成合作意向，与

联想集团合作引入IT服务行业人才培养标准和行业权威的认证体系，进一步推动人才培养与行业需求对接。学校建立青岛市中德电子信息类职业技能培训认证中心项目工作站，申请获得青岛市教育部门中德专项资金70万元，助推了学校人才培养的多元化进程。学校还与加拿大康尼斯多加高等技术学院联合开展职业教育中加合作办学项目，招收供应链管理专业"3+4中加国际本科班"为全国首创，填补了国内空白。

青岛中华职教社主任、青岛大学软件工程学院教授方漪称赞学校说，职业教育是就业教育，受教育者最终要在职场上获得成功，无疑，青岛电子学校在这个方向上探索得深入且有效。近年来，学校进入发展的快车道，收获多项省市荣誉：山东省职业教育先进集体、山东省省级文明单位、青岛市十佳师德建设先进集体、青岛市五四红旗团委、青岛市依法治校示范校等。未来，学校将砥砺前行，不忘初心，为学生全面而有个性的发展而努力。

普通高中利用当地红色文化资源加强党员教育的研究

山东省平度第一中学　苗清洁

　　红色，是火与血的颜色，是党旗和国旗的底色。红色文化是指在中国共产党领导下，在中国革命和建设过程中由革命理论、革命经验和革命精神凝结而成的革命传统，是革命先辈留给我们的宝贵精神文化和物质遗产。红色文化是一种崇高的信念文化，是推进中华民族伟大复兴的强大精神动力。

　　平度大地风起云涌的现当代历史是一段血与火交织的光辉历程，那些为进步自由抛洒青春和热血的英雄人物，积淀成珍贵而丰富的红色教育资源。

　　普通高中应该充分利用当地红色文化资源，把学校建设成爱国爱党教育基地，以学习革命事迹、传承红色精神、服务全校师生为工作重心，不断创新形式，开展爱国主义教育、中华民族优秀传统文化教育和党风廉政纪律教育，以红色教育增强民族自豪感和历史使命感，构筑党建高地，推进学习型服务型党组织建设，提高党员自身修养，坚定教师的职业操守。

一、红色文化的概念与内涵

　　第一，红色文化是马克思主义理论与中国新民主主义革命实践相结合的产物，是在中国革命实践中马克思主义理论、中国优秀文化传统和共产党人的优秀品格相结合的产物，它与习近平新时代中国特色社会主义思想，与"不忘初心，牢记使命"主题教育，在精神实质上是一脉相承的。

　　第二，红色文化凝聚了当时追求进步的知识分子和广大工农群众的力量，激励他们投身到伟大的革命洪流中。它与当今"全面建成小康社会，实现中华民族伟大复兴的中国梦"的思想内涵是一致的。

　　第三，红色文化继承和发展了中华民族"自强不息、厚德载物"的民族精神、"富贵不能淫，威武不能屈，贫贱不能移"的高尚气节和"富有理想、甘于奉献、勇于牺牲"的民族品格，是爱国主义精神在社会变革实践中的集中体现。无论是当时的红色文化，还是今天的社会主义核心价值体系，都强调弘扬以爱国主义为核心的民族精神。

第四，红色文化是当时中国时代精神的集中体现，是用先进的马克思主义理论武装起来的中国共产党人对中国传统文化的改革和创新。在革命战争时期，时代精神是实事求是，无所畏惧，勇于革命；在今天，时代精神则是解放思想，实事求是，开拓创新，与时俱进。二者是一脉相承、内在统一的。

由此可见，红色文化浓缩了中国共产党人坚定革命理想和信念、坚信革命事业必然胜利的精神，为了实现民族独立勇于牺牲的大无畏精神，坚持独立自主、实事求是、一切从实际出发的精神，紧紧依靠人民群众、密切联系群众、同人民群众同呼吸共命运的精神。这些都是中华民族百折不挠、自强不息的民族精神的最高体现，是保证革命和建设事业不断走向胜利的强大精神力量，也是中国特色社会主义所具有的本质要求，成为构建社会主义核心价值体系的重要元素。

二、当地红色文化资源

山东省平度市地处胶东咽喉，历史上乃兵家必争之地。平度大地人杰地灵，红色资源丰富。中国共产党初创时期，平度市明村镇马戈庄人士杨明斋陪同共产国际代表来到中国，担任翻译、参谋和向导，被周恩来总理称呼为"忠厚长者"；平度市田庄镇刘谦初在新民主主义革命时期，投笔从戎，担任中共早期山东省委书记；中国著名语言文字学家罗竹风在中华民族危亡关头，回到家乡与同乡乔天华拉起抗日队伍，高举抗日大旗。

抗日战争初期，平度市大青杨爆发了胶东地区最早的八路军指挥的抗击日寇战役。平度市大泽山地区成为山东著名的抗日战争革命根据地，著名的地雷战首发于大泽山地区。抗日战争时期，中国共产党领导的北海专署、西海专署、南海专署都活跃在平度大地。近年来，平度先后组织编排出版了一系列红色剧目，如现代吕剧《刘谦初》、大型抗战音乐剧《红山枣》。为更好地传承红色基因，还先后编纂出版了《杨明斋》《刘谦初》《胶东保卫战》等书籍，长篇纪实文学《草民的抗战》发行后也引起强烈社会反响。

山东省平度第一中学（以下简称平度一中）始建于1902年，在百年历程中培养出一大批优秀的革命志士。他们前赴后继，为国家战斗，为革命呼号，革命意志浩然长存，积淀成平度一中弥足珍贵的精神财富和文化传统。平度一中充分挖掘学校红色传统，以爱国主义教育为主线，丰富本校的乡土教育资源，构筑起一个个精神高地，激励师生坚定信仰、干事创业、不懈追求，为学校德育工作提供了更加催人奋进的动力源。学校建设了平度一中校史博物馆、刘谦初纪念广场、罗竹风纪念广场、常溪萍雕塑，学校爱国主义教育基地不断增加，乡土教育资源不断充实，红色基因不断增强。

三、红色文化对党员教育的重要作用

红色文化包括重要革命纪念地、纪念物、标志物及其所承载的革命历史、革命精神等，其中包含的革命历史、革命传统精神和党的理想信念等都是对广大党员开展党性教育的独特资源，对于教育党员坚定理想信念、牢记党的宗旨、发扬优良传统、永葆政治本色以及提高广大党员的思想道德素养等有着重要的作用，是开展党员干部党性教育的重要内容，是教育引导广大党员干部加强党性修养的丰富素材。

（一）红色文化资源具有宝贵的"存史"功能

红色文化资源凝聚了党的奋斗历程，蕴含了党的优良作风，凝结了党的建设经验，记载了党在民族复兴道路上的奋斗史、探索史，记录了党在中国历史长河中开拓创新的足迹，是党的思想理论和精神文化资源，是中国共产党和中华民族宝贵的精神财富。

（二）红色文化资源具有重要的"资政"功能

"资政"，核心是为保持中国共产党的政治本色和治国理政提供借鉴，就是从历史和现实的比较中运用历史经验，总结新鲜经验。红色文化资源不只是文物旧址的陈列，也不只是文献资料的堆积，而是大浪淘沙的精神积淀和革命经验智慧的结晶。无论是著作文稿、党内文件，还是历史见证者的回忆，都在一定程度上反映了党的创业奋斗史、理论创新史和自身建设史。

（三）红色文化资源具有独特的"育人"功能

在丰富的红色文化资源中，随处可见革命先烈在困难与失败面前的坚定信念，在诱惑与酷刑面前的坚贞不屈，在误会与委屈面前的任劳任怨，在群众与同志面前的尽责履职。挖掘和运用好这些革命传统资源，具有十分重要的"育人"功能。

发挥红色文化资源的重要作用，就是要让广大党员学习革命先烈功高不自居、位高不自显，正确对待自己、正确对待组织、正确对待群众的优秀品格；学习他们先人后己、舍身忘我、淡泊名利的高尚情操；学习他们践行党的宗旨、发扬优良作风，始终保持谦虚谨慎、艰苦奋斗的伟大精神；学习他们在处理矛盾时的昂扬斗志和革命激情，在应对复杂环境和风险挑战时的机智与坚韧。

四、充分挖掘当地红色文化基因，探索利用红色文化加强党员教育的有效途径

（一）挖掘深厚的校史资源，丰富爱国主义教育载体

爱国，是中华民族代代不息的文化传统。普通高中要不断挖掘丰富红色文化资源，弘扬爱国传统，激发报国情怀。通过广泛收集并宣传红色人物的革命事迹，弘扬革命斗志，使学校的红色精神积淀得日益丰厚。平度一中以"报国"为校训，教育引导党员师生砥砺意志，胸怀远大，报效祖国，为红色精神的传承增添了代代不竭的生机和动力。

普通高中要广开渠道，借助各种资源搜集各类校友信息，并通过实地考察、亲友座谈、学者访谈，不断充实优秀校友的革命事迹，使他们的英勇形象更加血肉丰满，使"学先辈，看先进，促先行"成为一种校内文化教育资源。平度一中校友刘谦初、罗竹风、乔天华、葛佩琦、常溪萍等人的光辉事迹为学校校史博物馆增加了珍贵的馆藏史料。为纪念知名校友刘谦初烈士，平度一中将综合教学楼以他的字"德元"命名为德元楼；为纪念中共平度早期领导人、平度民主政府第一任县长、知名校友罗竹风，学校将最大的学术报告厅命名为竹风学术报告厅。他们高尚的胸怀、无私的追求，随着学校各项重要活动的开展感召着每一个党员。

普通高中还可以通过举办红色人物事迹报告会、整理英雄人物事迹、购置

红色书籍等形式弘扬红色文化。这些方式跨越时空间隔，为党员带来更生动的体验，更利于他们感受和追忆悲壮雄浑的革命岁月，体味与传承革命先辈追求信仰、奋斗不息的精神，切实收到了激发和增强党性修养、坚定崇高理想信念的预期效果。平度一中举办过罗竹风事迹报告会——《竹风厅里话竹风》，整理编印了刘谦初、罗竹风、乔大华等革命先驱的英雄事迹，购置《红山枣剧作集》《罗竹风传略》《草民的抗战》等讲述校友事迹的图书。

五、加强红色文化基地的建设，使强化爱国主义成为教育常态

（一）修建红色人物名人园

为提高教育感染力，学校立足实际，认真规划，精心筹建了一系列以红色教育为核心的爱国主义教育基地。平度一中修建的红色人物名人园中，刘谦初、罗竹风、常溪萍等革命先驱的雕像就坐落在其中的绿荫竹径旁。他们静默伟岸的身影投射进党员的心灵，时时激励着党员。学校落成刘谦初纪念广场，新塑成知务中学时期的刘谦初雕像，完成国旗、党旗、国歌、国际歌石刻。每年7月1日，学校全体党员、预备党员以及部分优秀师生代表在此重温入党誓词，庆祝中国共产党成立。每年清明节、国庆节、抗战胜利日、烈士纪念日等节日，学校以这里作为一个分赛场，举办革命歌曲合唱比赛，或者诗歌朗诵比赛，或者宣讲英勇事迹。师生在这里瞻仰英雄，敬献鲜花，缅怀先烈功绩，发扬革命意志。

（二）修建校史博物馆

平度一中发挥校史博物馆在弘扬传统、凝聚人心、振奋精神方面的巨大作用。校史馆面向师生及社会，采取平日全天开放、节假日限时开放的方式，为感兴趣的师生进行深层系统解说。校史馆还组织开展了形式灵活的校史宣讲活动，每年新生开学和新教师入职，都组织参观校史馆，使师生在倾听中走近历史，触摸崇高，接受洗礼。

六、拓展红色教育资源，坚定革命信念

普通高中要立足本土红色资源优势，借力各级党校教育成果，拓展教育内容，为党员干部补钙壮骨、立根固本。

（一）追寻红色革命足迹

平度一中组织全体党员到沂蒙老区体验军民鱼水深情，感悟推动革命成功的沂蒙精神的内涵；到青岛党史纪念馆、大泽山抗日战争纪念馆以及刘谦初、杨明斋故居，感受中国共产党艰苦卓绝的奋斗史和辉煌历程，淬炼矢志不移的革命意志，坚定报国为民的理想信念；到旧店镇参观中共平度"一大"旧址，并为东石桥村的贫困党员捐款；学校追寻"红山枣"精神，到旧店镇罗头村参观平度第一个党支部遗址，并参观红色歌舞剧《红山枣》故事原型发生地厂口涧村，感受革命前辈领导和组织人民开展斗争的英雄精神。

（二）聆听红色文化讲座

平度一中邀请曾任毛泽东、周恩来等老一代领导人的翻译、驻阿尔巴尼亚特命全权大使范承祚先生举办纪念周恩来诞辰100周年报告会，邀请中国科学院大学党委副书记、纪委书记马石庄教授为党员师生举办讲座，邀请西南政法大学经济学院党委书记刘吕吉教授为党员和青年教师介绍西南政法七八级神话，邀请校友、作家谢维衡为教师们介绍自己撰写抗战作品《草民的抗战》的缘由。他们的讲座报告激励党员以及全体师生以"天下兴亡，匹夫有责"的远大抱负和"以天下为己任"的使命感，开拓创新，锐意进取，成就自我，报效国家。

七、沉淀红色文化，彰显职业操守

红色精神是红色文化的灵魂。在不同时期，红色精神既一脉相承，又与时俱进。新时期，普通高中全体党员要以做党的教育事业的忠诚践行者和社会服务的先行者为目标，让党性在校园中闪光，让党旗在服务与引领中高扬，使党员教师传承报效国家之志，树立廉洁自律之风，坚韧不拔，挑战自我，与时俱进，开拓创新，把服务社会当成一种责任、一种追求、一种境界。

党员要不断发挥模范带头作用，促进教育教学工作。学校通过设立党员先锋岗，提醒党员肩上承载的责任，鞭策党员以实际行动兑现党员承诺，充分发挥先锋模范带头作用。

平度一中实行一对一帮包制度，党员积极结对帮扶贫困学生，每年有一百余名同学得到党员在生活与学习上的帮助；组织全体党员干部，参加校园植树活动，植下党员先锋林，为学校和城市增绿添彩。学校还发动党员带动全体教职工向因大病致困的学生自觉捐款。教职工们爱心助学的行为缓解了学生的家庭困难，彰显了高尚的师道情怀，得到了社会的一致好评。

情系社会，关心国家。在国家出现重大灾情之际，学校党员都积极捐款捐物。在党员的带领下，全体教职工积极带头，争做社会先锋。

学校组织全体党员率先垂范，坚决抵制有偿家教。党员作为假期公益课堂和周末公益课堂的主要力量，不断引领优秀教师踊跃参与其中，有效帮学生解决了学业困难，得到了社会的广泛赞誉。学校党委不断创新服务形式，成立了以优秀共产党员为主要力量的高考志愿填报公益咨询小组，为学生提供温馨的考后服务，带来很好的社会反响。如今，学校评选的共产党员先锋岗在各项工作中勇挑重担，积极主动参与班主任特色建设等工作，不断建立新功。在教师节庆祝大会上，学校对本年度工作敬业、群众拥护、成绩优秀的优秀党员进行表彰。他们彰显着党的战斗堡垒作用，并不断激励所有教职工务实奉献，锐意进取。

革命传统不能丢，红色资源不能弃，它们是我们社会主义核心价值体系中的重要组成部分。

以自身的实际行动推动红色文化在全社会不断发扬光大，是每一个共产党人的职责所在、使命所系。普通高中要把红色教育资源作为开展爱国主义和党性教育的生动教材，自觉把革命传统内化为自己的价值追求和行为准则，全心全意为群众办好事，谋幸福，使年轻学子自觉接好革命传统的接力棒，让革命传统放射出新的时代光芒，振奋精神、团结拼搏、真抓实干，用自己的行动为实现中华民族伟大复兴作出应有的贡献！

让家庭教育成为学校教育的助推器

胶州市向阳小学　吴　青

家庭是孩子的第一起点。教育学研究结果显示：一个人在家庭中受的教育在其一生中起着50%以上的重要作用。家庭教育的重要性可见一斑。父母是孩子的第一任老师，父母的言行对孩子有着潜移默化的影响，是孩子学习的榜样。但是只有家庭教育也是不行的，学校教育是孩子的第二起点，弥补了家庭教育的不足。老师不仅教会孩子怎样做人，还教会了孩子知识。苏霍姆林斯基在《给教师的一百条建议》中说过："最完备的教育是学校与家庭的结合。"所以，教育孩子，不能只靠家庭或学校的单方面努力，而是需要家庭教育与学校教育密切配合，有机合作，齐抓共管。

孩子上学之后，更多的时间是在学校里度过的，因此学校教育成了教育孩子的主阵地。那是不是意味着家长可以放手不管，做"甩手掌柜"呢？当然不行，家庭教育永远不能缺席孩子的成长，家长的配合至关重要。家庭教育直接影响着教育实效。那么怎样让家庭教育成为学校教育的助推器呢？

一、辅助家长正确认识家庭教育

在工作实践中我发现，很多家长没有正确认知，不懂得家庭教育的重要性，以为孩子交给了老师，教育孩子就是学校和老师的事情。我们要改变家长的看法，让他们正确认识到家庭教育有不可替代的作用。可以通过开家长会、家庭教育座谈会等形式对家长进行培训，让家长们认识到家庭教育不是学校强加给家庭的责任和任务，家庭教育也不应只是为了配合和满足学校的要求与安排，而是一个良好家庭的家庭生活的必须内容，也是一个家庭良好发展的重要保障，更是每个家长的重要人生职责和必须承担的义务。家长和老师等各方应一起反思自身成长问题，调整和优化自己在其中的角色、言行，寻找更好的方法与措施，以更好地促进和培育孩子，也在这种生命互构、和美共生中，努力做更好的自己。家庭教育既不能与学校教育对立，也不能异化为学校教育的附庸，它是一个人全面而健康地成长所必需的成长环境与过程，必须立足于生命和长远。而在这个过程中，家长是孩子的第一任老师，也是永远的老师；家庭是孩子的第一所学校，也是最重要的学校。所以我们要引导家长重塑自己的角色：我就是教师的同事，我就是孩子的后勤，我就是永远的学生，我就是成长的孩子，我就是孩子的榜样！

二、指导家长抓住教育契机，进行有效沟通

很多家长缺乏教育经验，往往不能抓住一闪即逝的教育契机，实在令人遗憾。我们可以通过分享经验、渗透方法等做法对家长进行指导。我曾经给家长们分享过一个真实的案例。有一次我的妹妹与我视频，关心我的嗓子怎么样了。正在这时，我看到4岁的小外甥跑进屋里，对妹妹说："妈妈，我太热了！"只听妹妹说："热什么热？你不跑就不热了！"小外甥又说："妈妈，我想洗澡！"妹妹说："又洗澡？你不是今天早晨刚洗的澡吗？"听到这里，我不禁连说："可惜，多么好的教育契机呀。"妹妹忙问："怎么了？"我小声说道："孩子说太热了，是在和你分享他的感受，也是此刻困扰他的问题。你应该说，是啊，今天真的很热，这样你就回应了他的感受。他说妈妈我想洗澡，你应该说，你可真会想办法，洗澡就能让自己不热了，再想想还有什么办法会让自己不热呢？孩子可能会想到开风扇、吃空调、吃冰糕等等，通过这个引导让孩子知道遇到问题要想办法解决，发散思维。你这时再说，儿子，你能想到这么多解决问题的办法，妈妈真为你高兴，那么你觉得哪种方法最健康又能解决你热的问题呢？孩子可能会说开风扇、扇扇子等。这就引导孩子选择了解决问题的最佳方法。孩子经过这样的训练和指导，以后做起事来一定会思考并学会选择最佳方案。"妹妹听了，恍然大悟："家庭教育真的有方法，要多学习！"其实生活中有很多这样的教育契机，只是家长没有意识到，错失良机，所以不是孩子不够好，而是家长缺少一点教育智慧。在这次分享后，我给家长们做了一次培训，重点讲了如何根据儿童成长特点和身心发展规律进行有效沟通、开展教育以及如何与老师沟通、做好配合。

我告诉家长，一个班中往往有好几十个孩子，老师很难完全了解每个学生的状况，这就需要家长及时与老师进行沟通交流，使老师更加了解孩子，从而更好地因材施教。家长也要时刻关注孩子的表现，一旦发现问题，做到心中有数，及时解决。如老师提醒家长，孩子最近作业丢三落四，那家长一定要多观察孩子，看孩子是不是心浮气躁、态度敷衍；老师告知孩子在课堂上总犯困，家长就要好好留意孩子是不是有偷玩手机的现象；当得知孩子在学校犯了错，被老师批评了，家长这时一定要沉住气，要先向老师了解事情的起因、经过，知道孩子做了什么、错在哪里，而不能不分青红皂白地冲孩子吼叫，也不能只听孩子辩解的一面之词。家长需要注意的是，配合老师教育孩子，是要更多地关爱孩子，帮孩子认识到自己的缺点或问题，让孩子直面挫折和困难，帮助孩子矫正行为，不断进步和成长。

批评固然能帮助孩子成长，"罗森塔尔效应"告诉我们，赞美、信任和期待却更具有正能量，能让孩子的自我价值感增强，变得更自信，拥有积极向上的动力，会尽力达到对方的积极期望。所以聪明的家长要说"正话"、办"正事"，少挑毛病，多鼓励。当得知孩子在学校受到表扬，家长更是要大张旗鼓地称赞他们。强化优点，无限放大，优点就会越来越突出，缺点就会逐渐淡化。

三、引导家长做良好表率

教育家马卡连柯说过："成年人在生活的每时每刻，甚至你们不在场时，也在教育儿童。你们怎么样穿戴，怎样同别人谈话，怎样对待朋友或敌人，怎样微笑，怎样读报，这一切对孩子都有教育意义。"父母的一举一动、一言一行，都是对孩子无声的教育，孩子的思想或性格就会不知不觉地受到感染、影响而发生变化，这是潜移默化的作用。正如破窗理论所示，如果父母生性懒散，孩子多数不会勤快；如果夫妻俩天天吵架，孩子很快便会变得性格暴躁。所以，我们要通过讲座、研讨等形式对家长进行指导，让他们懂得父母要严格要求自己，处处给孩子树立良好的榜样。如果希望孩子成为一个文明礼貌的人，那父母就要言语文明，彬彬有礼；希望孩子成为乐于助人的人，那父母就一定要富有同情心，乐善好施；希望孩子成为一个爱读书的人，父母就要放下手机，捧起书本，静心阅读；希望孩子成为一个感恩的人，父母就要心存感激，知恩图报。如果父母做到了这些，那这个家庭一定是正能量的。这样的孩子到了学校里，一定也是深受老师和同学喜爱的。

四、形式多样，引领家长成长

没有学校教育的改变就没有家庭教育的改变，所以，学校教育要担负起指导家庭教育的作用，引领家长成长。我们要搭建家校有效沟通的平台，创设有利于学生身心健康发展的育人氛围，实现环境育人；建立家长培训制度，可以线上和线下培训相结合，如班级每年定期召开一两次家庭教育座谈会，组织家长交流家庭教育的方法和经验，提高家长的育人水平；开展"家长进课堂"和"家长开放日"活动，邀请家长来学校听课、听讲座，开展专题讨论等活动，增进沟通、交流，达成教育共识。指导家庭教育，应从以家长为主人的思想出发，所以教师要积极进行家访，深入每个家庭，加强沟通，促进指导。开展各种家长义工活动，让家长参与学校管理，他们能更深入、更透彻地了解学校。家长到学校做义工，这本身也有对学生潜移默化的教育作用，正所谓"随风潜入夜，润物细无声"。

苏联著名教育家苏霍姆林斯基有句名言："没有家庭教育的学校教育和没有学校教育的家庭教育，都不可能完成培养人这样一个极其细微的任务。"可见，教育永远不能走单行线，教师要在日常工作中指导家长做好家庭教育，提高家长的育人水平，让家庭教育真正成为学校教育的助推器，实现共赢！

后 记

　　《领航——责任与使命》能够顺利出版，得到了青岛市校长培训班学员的积极支持。2022年春天青岛疫情凶猛，众多一线校长都是单位疫情防控工作的第一或者主要负责人，但仍百忙中对稿件进行打磨、完善，保证了稿件的质量。同时，本书也得到了岛城名校长的支持，特别感谢李全慧校长鼓励其名校长工作室成员梳理教育实践，为本书提供优质案例。

　　另外，参与本书撰稿、编辑、统稿和审核工作情况如下：马延信负责全书的编辑、统稿，撰写前言；张丽丽负责全书的编辑、统稿、审核，撰写前言、后记和篇首语；邢赛负责"高瞻""润物"部分稿件的统稿、审核；张敏负责"润物""课程"部分稿件的统稿、审核；李全慧负责"课程""引领"部分稿件的统稿、审核；刘乃志和王辉负责"内修""外和"稿件的统稿、审核。本书编辑委员会对众稿件进行遴选、分类、修改，付出了大量时间与劳动，保障了书稿最终的形成。

　　作为青岛市校长培训的实施者和培训成果的推广者，我们在编辑本书的过程中，更加深刻地意识到"加快教育高质量发展，推进教育现代化、建设教育强国、办好人民满意的教育"的落实点在学校，学校发展的关键在校长，校长是一校之魂，校长的思想观念、知识结构、能力素质、心理素质、行为作风决定着学校的发展和进程。校长的成长靠学习，而培训是校长学习的重要组成部分。本书的编辑过程也进一步敦促我们思考：校长培训如何更加强效地服务于校长成长？或者说校长培训与校长发展如何互相成就？本书的出版或许就是一个崭新的开端。以前有学员用"问渠哪得清如许，为有源头活水来"来称赞培训的作用，校长培训与校长专业发展应该互为"活水"，互相营养，互相支持，在教育实践这片沃土上共生一棵树，结满硕果，宜已怡人。《领航——责任与使命》正是这样的一棵树，愿此书中的智慧、洞见及创造性能给您带来灵感。

最后，再一次感谢每一位投稿和参与编辑的老师的大力支持，感谢中国海洋大学出版社领导和编辑老师为本书出版所提供的悉心指导和真诚帮助。由于编者水平所限，编辑过程中难免有错误和疏漏之处，竭诚欢迎读者批评指正。

张丽丽

2022年3月